高绩效团队

4个步骤
点燃团队的隐性动力

〔英〕
祖德·詹尼森
（Jude Jennison）
—— 著

吴士宝 ——
译

中国科学技术出版社
·北 京·

北京市版权局著作权合同登记 图字：01-2022-0171。

图书在版编目（CIP）数据

高绩效团队：4个步骤点燃团队的隐性动力 /（英）祖德·詹尼森著；吴士宝译 . —北京：中国科学技术出版社，2022.6

书名原文：Opus

ISBN 978-7-5046-9511-6

Ⅰ . ①高… Ⅱ . ①祖… ②吴… Ⅲ . ①团队管理 Ⅳ . ① C936

中国版本图书馆 CIP 数据核字（2022）第 050218 号

策划编辑	申永刚　陆存月	责任编辑	杜凡如
封面设计	马筱琨	版式设计	蚂蚁设计
责任校对	焦　宁	责任印制	李晓霖

出　　版	中国科学技术出版社
发　　行	中国科学技术出版社有限公司发行部
地　　址	北京市海淀区中关村南大街 16 号
邮　　编	100081
发行电话	010-62173865
传　　真	010-62173081
网　　址	http://www.cspbooks.com.cn

开　　本	880mm×1230mm 1/32
字　　数	146 千字
印　　张	7.5
版　　次	2022 年 6 月第 1 版
印　　次	2022 年 6 月第 1 次印刷
印　　刷	北京盛通印刷股份有限公司
书　　号	ISBN 978-7-5046-9511-6/C·193
定　　价	69.00 元

（凡购买本社图书，如有缺页、倒页、脱页者，本社发行部负责调换）

献给非语言交流大师奥伯斯（Opus）！

你点亮了我们的生活，

我们将铭记于心。

我们原本素不相识，

如今却因书结缘。

我们欣然接受未来的不可知，

徜徉于无限可能中，

但又彼此关联，步调一致。

在改变周围世界的同时，

我们也在改变自己。

祖德·詹尼森，写于2021年新年

推荐序

我跟祖德共事了8年左右。我从原来的首席执行官的决策咨询人、商业顾问，转型为马夫、马场管理员、研修班的驯马师，既要帮祖德筹备活动，又要给她提出建议。这段时间，我常听她说，马儿们能够感受到我们的气场，并迅速做出反应。祖德还多次提到，它们能感受到10英亩❶牧场内的人类气场。作为一名有50年经验的骑手，我有时觉得这类说法有点夸张了，直到有一天，我读到一句话才突然顿悟了。

那种感觉是一种被我们忽视的第六感，比如我们后颈的那种刺痛感；我们在黑暗处感觉到身后事物的直觉；还比如小学时期，校长走入教室后，我们会不由自主地产生一种敬畏感；或者小时候，当我走到奶奶家门前时，我会感受到温暖和安全。对我来说，这种感觉来自一种潜意识，无法用语言描述，但又真实而深刻。小时候，我们从不违背这种感觉，也从不忽视它。它时刻都在，我们能够瞬间察觉。令人遗憾的是，随着年龄的增长，当我们一心扑在事业上后，就逐渐遗忘或失去了这种感知力。

在与祖德以及她的马队共同学习的过程中，以及在阅读这本书的过程中，我开始审视自己，重新唤醒自己的这种感觉，对自我的

❶ 1英亩约等于4046.86平方米。——编者注

认识令我既开心，又有点难为情。对团队成员的理解令我感到既骄傲又有些不安。而对工作环境的了解，能让我更好地认识外部的大小环境，帮助我发挥那种第六感的作用，以便更好地实现我的目标，达到我所追求的效果。

在商界多年的打拼经验，加上 10 年来的不断反思、学习，以及对马和人类的密切观察，令祖德的语言充满智慧。她通过这本书将自己的睿智见解温柔而又坦诚地呈现出来。她的语言简明扼要，同时又充满力量，能够让你停下来思考自己的行为、习惯和经历，并为此感到惬意。如果你能勇敢地直面自己，并敢于将真诚融入自己的生活和团队中，那么本书的观念和观点一定能帮助你的团队实现超越个体总和的效益。你甚至可能会实现你和你的团队计划之外的目标。

我是怎么知道的？答案很简单，我在很多不同场合见证过这一切，我亲眼看到 6 匹骏马与陌生学员并肩行走，它们小心翼翼地为他们指引道路，它们与学员心意相通，带领他们躲避危险，越过障碍。他们互相合作，配合默契。我目睹了他们完成任务时喜悦、威严和踌躇满志的神情。

—— 英国 BSweet 有限责任公司 ❶ 首席运营官

艾伦·谢泼德（Alan Sheppard）

---

❶ 英国一家甜品、茶饮公司。——编者注

Opus 在拉丁语里是"工作"的意思，在英语里则是音乐领域的一个常用术语，意思是"作品"或"作品集"。带领团队，就相当于编排一场交响乐，你需要领导团队完成这场演奏。

Opus（奥伯斯）也是我养的一匹纯种马的名字，我悉心照料了它 7 年之久。这匹马出生于澳大利亚，在到达英国之前，它还在新西兰和巴林待过一段时间。早年的一次受伤令它无法再参加赛马运动，但在受伤前，它和它的主人劳拉·萨维奇（Laura Savage）书写了无数个赛场传奇。

我第一次见到奥伯斯的时候，它正静静地站立在马厩外面，身旁是它的主人劳拉。我当时正在物色自己的第二匹马，想进一步拓展我的马术辅助领导力建设业务，以便与不同的团队开展合作。对团队来说，吸纳新成员是非常关键的一环。团队成员的技能、经验和个性各有不同，搭配得当，团队成员就能和谐相处，反之，团队成员就会互相掣肘。身处团队中，每位成员都要互相迁就，努力做到团结一致。

在见到奥伯斯前的 6 个月，我与我的第一匹马凯莉（Kalle）一直处于紧张的状态中，因此我的自信心急剧下降。不久前，凯莉的鼻子碰到了电围栏，这次触电令它暴跳如雷，它用脑袋冲撞了我。惊慌失措的我被撞倒在泥地里，头昏脑涨。此事发生后，我决定寻找一匹稳重而又自信的马。奥伯斯给了我信心，当然，它跟我期望的并不太一样。

当时的奥伯斯24岁，安静、温顺、友善。第一次踏入我的马场时，它上下打量着我，似乎觉得我不太称职。于是，它决定"接管"这里。我迫切希望成为一名富有同情心的领导者，并希望提高它的自信心，而它则利用了我的这种心态。我每次带它出来的时候，它都要自己掌控节奏。有时，它的速度很慢，我要费很大工夫才能让它加快步伐。有时，它不听指挥跑了起来，我费尽力气才能让它慢下来。

每天都是一番缠斗。凯莉受惊时（这种情况不少见），我都要深吸几口气，保持镇定，采用一些方法才能让它放松下来。而这一套方法对奥伯斯根本不起作用，奥伯斯每次都要争夺更多的主动权。它不像凯莉那样胆小，它从不利用自己充沛的能量表达自己的恐惧，而是用它来争取主动权。于是，我决定走进奥伯斯的世界。有一天，它正带着我走向马场，一路上它对我蹭来蹭去，原地打转。我停下来，坚定地对它说："不要这样，好好走路！"令我惊讶的是，它听从了我的命令。奥伯斯教会了我如何在同情与威严，明确的态度与好奇心，以及自信与敏感之间实现平衡。它教我领悟到了领导力的微妙，即完美地平衡团队成员的阴阳之力。

我把奥伯斯称作"总经理"，这是因为在我的马场里，它说了算。当我同时把凯莉和奥伯斯领出来后，它们的性格形成了鲜明的对比，一个雷厉风行，另一个慢条斯理。凯莉需要我冷静而镇定，而奥伯斯则要求我打起精神，像它一样充满能量。而要想保持团队的团结，必须维持这些方面的平衡。

随后几年，我的马队成员越来越多，而奥伯斯则帮助每一个新成员融入马队这个集体。每一次，新来的马都要跟奥伯斯待上一两周，然后再加入团队。有学员来参加培训时，奥伯斯负责发号施令，它的命令非常明确，从来不会模棱两可。如果有人违背了它的意愿，就会陷入与它的缠斗中。很多高管都曾尝试挑战它的威严，但它从不后退。它似乎懂得如何跟不同的客户打交道，给予他们所渴望的东西。在与总经理等管理层相处的时候，它会温和而坚定地让他们各居其位，没有任何模棱两可的空间。在与大学刚毕业的学生或者年轻的领导者在一起的时候，它的态度会变得非常温和，积极而又体贴，它会满足他们的所有要求，以增强他们的自信心。

这就是奥伯斯的做法，也是如何协调不同个性成员的诀窍：有些人需要借助他人的温和与平静，才能共情，有些人需要的则是不偏不倚的威严和力量。

奥伯斯就像一部艺术杰作，7年来，它像是一位交响乐大师，领导着我的马队。它教我如何不停地提升自己的领导力，教我如何利用自己的求知欲和理解力、善心和明辨力，以及权力和力量管理一个团队。它的领导力与团队合作精神点亮了我们的生活，并将永远铭刻在我们心里。

领导者最常问我的一个问题是，怎样才能让人们按照他们的要求做事。我认为，这是一个伪命题。因为这个问题暗示着你事先已经知道了所有答案。它的潜台词是，如果每个人都能做好自己应该做好的事情，就说明这个团队合作得非常好。但问题没有那么简单。

本书鼓励你探讨另外两个截然不同的问题。一个问题是，为了有效地开展工作，我在团队中的角色定位是什么？另一个问题是，我们团队中每位成员的角色定位应该是什么？

如果你把关注的重点从"我"转移到"我们"，并把团队成员"应该做什么"转移到团队成员的角色定位"应该是什么"的问题，你就会找到影响团队绩效的隐性互动因素。本书的重点就是介绍这些隐性互动因素——团队内部的非语言交流因素。这类交流无时无刻不在进行，并且通常是在潜意识的支配下进行的。

这些隐性互动通常也是无法通过语言进行的。团队互动要求人们扩大并提高内部透明度、开放度和诚实度。有时，语言交流容易招致责难或者误解，因此人们很容易将人际互动切换为隐性模式。但如果团队将这些隐性互动因素暴露出来，团队将会变得异常强大。团队内部每时每刻都在进行着隐性互动，如果忽视这些隐性互动因素，它们就会削弱信任感，破坏人际关系，制造争端，长此以往，分歧会继续存在，团队会在工作中浪费掉大量的时间和精力，使团队成员疲于奔命。

人们不应该忽视团队合作的复杂性和不稳定性，但事实恰恰相反。持续提高领导力，改善团队绩效既需要时间，也需要有效的沟通，以及人们的重视。

与体育团队一样，商业领域团队的成功也不是偶然的。人们需要付出持续的努力，才能确保每个成员明确自己的角色定位，各司其职，各担其责。人们需要放下自负心态，不断提高竞争力，加强团队合作，解决观念上的分歧，有机地权衡团队效益和人际关系，只有这样，团队才能迈向成功。

感谢您的信任，选择了本书。在这本书中，我总结了 OPUS❶方法的 4 个步骤以及 12 项隐性互动因素，希望能帮助读者开展团队建设，以提高团队绩效。这本书重点探讨破坏团队合作的潜意识行为模式，并提供一套方法以帮助读者提高团队内部沟通的开放性和效率。

---

❶ 即奥伯斯（马）的英文名字大写。——编者注

本书的适用对象

本书的面向对象主要为高管团队，但同时也适用于任何形式的团队。读者甚至可以将本书的方法论应用到家庭生活中。此前我写过两本书，探讨领导者角色定位的问题：*Leading Through Uncertainty*（暂译为《领导力驾驭未知》）探讨的是颠覆性变革的影响，*Leadership Beyond Measure*（暂译为《打造超强的领导力》）关注的是包括勇气、同情心、信任、尊重等在内的关键领导力品质。

本书的关注重点则是如何进行团队合作。绝大多数高管团队都是由杰出的人才组成的，但成员间的协同效应决定了团队是团结还是分裂，进而决定了团队以及团队事业的成功与否。我写作本书的目的是希望能够为高管团队提供具有实用性和启迪性的建议，帮助他们探寻团队合作的真谛。

我认为高管团队中的成员应该具备明确的策略观、愿景和价值体系。如果读者暂时不具备，我建议首先应该培养这些品质。领导力和沟通上的细微差别能够改变团队的合作方式。

只有当人们意识到领导力的重要性，互相感觉到各自的积极变化时，团队才会出现持久的实质变化。当然，人们也可以独自提高个人的专业能力，但要想取得团队事业的成功，领导者以及团队成员必须共同养成终生学习的习惯，这样才能根据团队的需要调整自己的行为习惯。

大多数高管团队都非常擅长探讨商业战略，以及解决相应的问题。本书重点关注的是团队内部的隐性互动行为。这些行为通常都是在潜意识下进行的，它们能对团队内部关系产生巨大的影响，进而影响到团队的协同力。

在幼年时期，我们会不断对周围的环境做出反应，因此早在那个阶段，我们就形成了潜意识行为模式。在随后的人生里，我们会不停地重复这些模式。但是，除非真正去了解这些行为模式，否则很难实现行为模式的转变。

本书的使用方法

本书旨在帮助团队暴露出这些影响团队合作的隐性互动因素，促进团队内部的反思和对话。本书的第一部分为准备阶段，主要介绍了能够提高团队绩效的内部环境和不确定性对团队合作的影响，另外，此部分还对 OPUS 方法进行了简要介绍。后几部分分别阐述了 OPUS 方法中极为关键的非语言行为模式，由于这些模式通常都是隐性模式，因此常被团队忽视，也正因如此，每一个团队都需要对它们多加注意。

在第二部分到第五部分中的每一章的开头部分都介绍了一个典型客户案例，案例中的客户都与我、我的马队进行过合作。很多客户都会把自己的经历记录下来，透过这些记录，读者可以了解他们的经历和收获，以及他们如何将这些收获运用到自己的团队合作中。虽然我的马队并不是本书重点，但它们却是我写本书的灵感来源，我希望将自己从它们身上得到的智慧讲授给你，你可以运用到自己的团队中。

在每个部分的结尾，我都会提出一些建议，鼓励读者先进行自我反思，然后将自己思考的内容分享给自己的团队，并根据自己的学习收获，提出一项行动措施来改进团队合作的方式。

本书的灵感来源

10年来，我通过马术辅助领导力建设项目，与成千上万名领导者及团队进行过合作。本书所讨论的影响团队表现的隐性互动因素，是由许多非语言行为模式组合而成的。对这些行为模式的研究，都基于我这10年来的工作经历。马术辅助领导力建设项目是一种展现领导力的项目，客户通过与马队合作，获取体验，从而提高自己的领导力和团队合作技能。

马是根据人们的非语言交流做出反应的，这类交流涉及人们的态度、情绪、思维过程、假设、意图等非语言活动。我在与马的接触过程中，获益良多。本书的大部分章节都受到了这些收获的启发。马能够察觉到人们思维和感情上的细微变化，并能够做出相应的调整。一名人力资源主管解释道，"（与马的互动）能让你切身感受自己的领导力"。

马需要明确的指令，它们会在信任和互相尊重的基础上，与人们建立起牢固的关系。它们必须在自己的自由意志支配下服从命令，而不是被迫无奈地顺从。你只有完美地处理好收益和关系问题，它们才会服从你。这两个因素缺一不可，否则它们就会原地不动，拒绝服从。它们渴望安全感，因此它们会团结起来，形成一个团队。它们互相包容，求同存异。

本书的创作目的

在管理领导力和团队建设公司之前，我曾在 IBM（国际商业机器公司）工作了 17 年之久，管理过英国、欧洲甚至更加国际化的团队。我负责过一项预算高达 10 亿美元的项目，在 2 年内我将预算降低了 25%。我领导过很多团队，有的团队让我感受到了有效沟通和人际互动的乐趣，有些团队则让我产生难以适从的感觉，时刻感到压抑，还有一个团队对我干涉太多，多到让我透不过气来。很多领导者和团队都希望改变团队的现有状态，提高团队的合作力，而我现在的工作就是帮助他们实现这个目标。

我一直深爱着自己的工作。与杰出的团队以及杰出的团队成员一起工作，令我受益匪浅，我不仅深受启发，同时也深受鼓舞。我们共同克服了许多障碍，也找到了很多能够促进生活和谐以及团队合作的新方法。我希望，读者在阅读完这本书后，能够享受和热爱自己的工作以及团队合作。

我深信，工作本身可以是非常愉悦的，同时也能增加生活的乐趣。我认为，商业活动能够对世界产生重要影响，假如我们希望自己的工作能够对社会乃至整个世界产生积极影响，我们就必须找到工作的乐趣。我希望通过自己的工作，为每个有抱负的职场人打造一个更好的职场环境。同时我还希望，读者能够跟我一起，提高团队合作的效率。其中的重要性毋庸赘言。

目录

01

准备阶段：夯实基础

本部分主要探讨不确定性的影响，并简要介绍 OPUS 方法。

第一章　团队建设

营造高绩效团队的积极氛围。

激励团队合作

假设有这样一个团队，团队成员早上起床后便精神百倍地投入工作，成员间彼此信守承诺，坦诚相待，共同明确工作重点，暂时搁置次要业务。如果人们能够开诚布公地进行高效的沟通，诚恳地表达自己的感受和想法，就不会感到丝毫紧张和沮丧，也不会产生任何争执。

假设在这个团队中，成员既自觉而又主动，根本无须鞭策或催促，大家方向明确，共谋团队发展，无论是对待彼此，还是对待团队事业，都能做到言出必行，尽职尽责。在这样的团队中，你能感受到集体中洋溢的能量——一种鼓舞人心、活力满满、热情澎湃的力量。团队合作无疑是非常重要的。虽然从理性上我们认同这一观点，但只有当我们切身感受到那种自然而然的团队合作精神时，才会知道自己没有偏离团队合作的正轨。

绝大多数针对领导力和团队合作的书籍和培训，都把重点放在了行动和措施上，教人们构建愿景，确定企业战略，定义角色和责任，明确公司价值取向和企业文化，剩下的事情就交给个人了。但事实上，领导一个团队，尤其是带领团队应对变局，远比这些要复杂得多。

人们不仅要关注自己的行动，还要关注自己的角色定位；不仅要重视人际关系，还要重视结果和效益；不仅要反思过往之举，还要提出应对之策。只有做到这些，团队才能实现真正的跨越。这些就是本书探讨的团队内部的隐性互动因素。

本书将详细探讨那些能够促进团队协作的非语言行为。打造高绩效团队的 OPUS 方法提出了 4 个步骤，揭示了影响团队的 12 项隐性互动因素，并体现出一些深刻见解，指导人们提高团队绩效。

麦肯锡（McKinsey）公司曾经对高绩效创新团队开展过实地调查，它的报告指出，目前，大多数领导力提升项目都重点关注组织中的个人，但是，"要想大大提高组织的绩效，人们必须将关注重点从个人层面转移到团队层面"。

我的工作经历使我有机会探究人类生活方式和行为模式的问题，从而更好地理解我们在工作中的角色定位，特别是每个人的角色定位及其在团队中的协同问题。

务实的团队协作

人们常常花费大量的时间来思考接下来该做什么、想什么、说什么，甚至怎么做等问题。长此以往，人们逐渐学会了如何隐藏自己的情绪，如何做到不动声色。这使人们变得有些木然，并掩盖了他们的真实感受。

人们需要改变这种行为习惯。团队的潜意识行为模式会破坏团队合作，使人们无法快速地适应团队合作。OPUS 方法揭示了这些隐性互动因素，旨在暴露出人们讲不出口的想法、感受和能动性等影响团队合作的因素。它还为团队提出了一套方法论，帮助团队成员看清问题的实质，并消除误解，增进互相理解，改善人际关系。

我对整个商业界寄予厚望，希望它能够解决世界性问题。人们习惯于手里拿着一面白色书写板，端坐在陈设着千篇一律家具的办公室隔间里，我认为这样是远远不够的。我们要做的不仅仅是利用 Zoom❶ 或者微软 Teams❷ 等视频协作软件，按部就班地处理常规事务。

---

❶　视频会议软件。——译者注
❷　微软公司开发的视频会议软件。——译者注

我们需要务实的领导力和团队协作，务实到能让我们感受到它的存在，务实到令我们相信未来的变革是不可避免的。人们需要更深层的联系，这不仅有助于人们的精神健康和团队的人文关怀，而且会对整个世界产生积极影响。

人们只有参与团队协作，才会知道如何开展团队协作，这就是团队协作的循环悖论。你知道自己什么时候跟其他成员合作得比较顺利，你也知道什么时候合作得不够顺利，而且通常你的这种感觉也确实非常准确。常见的情况是，成员们因目标不一致而关系紧张，或者在面对一些话题时，不知道是开展对话还是避免交流，又或者人们不愿对一些很明显的问题进行讨论，再或者不希望伤了和气而选择默默忍让。

我经常鼓励团队要在内部形成鲜明的对立观点。我知道这种想法听起来很另类。但是，假如团队里所有人想法完全相同，做法也完全相同，那么团队就会陷入群体盲思的境地。这样的团队会缺乏创新或创造力，成员之间无法互相启发。而创新意味着人们要有不同的想法和做法，甚至要具有不同的价值观和信念体系、不同的经历和技能。只有这样，团队才能发挥出战斗力。提高团队整体绩效的关键问题在于，团队的所有成员与资源能否完美地融合在一起。

心理安全感

为了能够更好地进行团队协作，每个人都应该自由地发挥自己的能力，团队需要保证每个人在发挥能力过程中拥有团队内部心理安全感。团队内部心理安全感是指，团队里的每个人都相信，个人无须害怕承担风险，成员之间会相互支持，不会因为个人做没有把握的事情而予以指责或非议。对团队来说，重要的是内部交流要坦诚、公开，营造一种学习型团队的文化氛围，而不是惩罚和羞辱型的内部文化氛围。这会对团队成员的心理负担感和幸福感，以及团队的绩效产生重要影响。

心理安全感有助于团队内部开展坦诚的对话，公开探讨并解决团队遇到的问题。在这种情况下，团队成员会敢于尝试新思路，因为他知道团队会将他遇到的问题或错误看作学习过程的一部分，而不会施以惩罚或嘲讽。在充满变数和不确定性的时代，这一点非常重要。因为在这样的时代，企业要想发展，走出逆境和乱局，就必须有所创新、有所突破。

如果团队内部缺乏心理安全感，人们就不愿共享信息，也不会互相支持、互相帮助。缺乏安全感会使人们互相羞辱、互相指责、互相非议，给团队制造分歧和矛盾。

心理安全感能够促进团队内部形成学习型文化，这有助于团队不断改进工作方法。如果团队的领导者设定了错误的基调，使得成员不敢犯错误，那么，任何创新都无从谈起。团队内部无法公开地探讨问题，最终导致人们在背地里互相议论，进而互相指责，互相非议。

团队应该确保每个成员都能无拘无束地对其他人提出不同意见，并使每个成员都认识到团队的其他人都是在尽自己的职责。团队内部应该少一点指责，多一点探讨，这样才能促进成员间相互理解、互相配合、共同学习。

乐于改变

为了提高团队绩效，人们需要不断调整自己的行为习惯，服务于团队的整体目标。大多数人希望改变他人，却不想改变自己。事实上，只有每个人都愿意做出改变，将破坏团队合作的隐性互动因素公开呈现出来，才能彻底提高团队绩效。

人们在自己的职业生涯中，逐渐形成了各自的工作技能，而如何看待团队内部的协同关系呢？很多团队都是由一群杰出的领导者组成的，他们都拥有杰出的才能，也都有各自擅长的领域。有些人甚至对自己的能力颇为自负，认为自己单枪匹马就能创造巨大的效益。但杰出的团队会着力构建团队内部的联动效应，促进团队协作，调动每个人解决问题，完成个人无法完成的任务和目标。

如果团队成员只注重培养个人技能，不注重构建团队的联动效应，团队就无法发挥出自身潜力。如果团队成员不愿为共同的成功合力，或者团队营造了一种有害的、缺乏安全感的内部环境，团队整体就会畏首畏尾，裹足不前。团队成员就会由于害怕失败，不愿尝试，不愿冒险，从而对团队学习和团队发展造成负面影响，同时还会破坏创造力，而这些因素都能对团队成功和团队事业产生重要的影响。

在与不同团队合作的过程中，我发现，人们对重塑自我的看法和决心，以及乐于学习的态度，是影响团队真正实现改变的重要因素。除非你愿意改变自己的行为习惯，并且支持其他人做出改变，否则团队会一成不变，无法发挥自己的潜力，或者整天都在头痛医头，脚痛医脚，忙得焦头烂额，却无法触及问题本质。

改变团队的行为习惯

我们常常把领导力、团队合作能力、沟通能力称为"软技能"。跟专业技能相比，这些技能不仅抽象，而且很难衡量。事实上，协调团队合作，解决意见上的分歧，营造包容的氛围，确保每个人各司其职，及时调整工作重点，解决沟通中出现的误解，这些都是非常复杂的工作。做好这些工作所需要的能力绝不是什么"软"技能。

人们常说，改变他人的行为习惯是很难的。在我看来，这几乎是不可能的。但你可以先从改变自己的行为习惯做起。首先思考一下，为了促成改变，你可以尝试哪些不一样的事情？改变行为，要求人们研究什么方法可行，什么方法不可行。它要求成员之间开展对话，虚心接受他人的批评，并愿意去思考更好的工作方法。它要求团队成员心甘情愿地去做符合团队利益的事情，而不是谋取个人利益。诚然，做到这一点确实很难。但只要团队的每个人都积极了解并改变自己不当的行为习惯，团队就会不断取得进步，团队的适应力和理解力也会不断提高。这些都是OPUS方法的前提，只有具备这些前提，人们才能利用OPUS方法将隐性因素公开化，并通过理解和把握这些隐性因素，促进团队协作。

公开面对团队内部的批评，不是一件令人愉悦的事情。承认有更好的解决方法，或者承认自己有时候拖了团队后腿，也不是一件很容易的事情。当然，出现这种情况并非人们的本意，而是因为自己没有与团队中的其他人形成合力，或者某个成员被忽略的独特想法，正是团队摆脱陷入群体盲思的关键。

人们喜欢做自己习惯的事情，愿意重复以前的惯例。人们也知道这样做的最终后果是，意见分歧依旧存在，团队内部充满挫败感，氛围异常紧张。

如果每个人都尝试改变自己的行为习惯，团队风气就会焕然一新。团队成员的共同改进会对团队整体产生有益影响，人们就能更自觉地互相适应、互相支持。

当然，改变行为习惯绝非易事，因为这意味着人们必须认可不同的工作方法，改变甚至放弃原有的行为习惯，并尝试新的行为模式。而改变会产生不确定性，因此团队通常不愿尝试改变，即使现有行为习惯已经制约团队发展，团队也甘愿维持现状，不愿尝试改变。

OPUS方法提供了一套循序渐进的步骤，帮助人们将团队行为模式的隐性因素暴露出来。这要求团队能欣然接受改变带来的不确定性。人们必须按照顺序，一步一步实施这些步骤，因为每一步都是下一步的基础。你可以利用充足的时间完成每一个步骤所要求的改变，并将其运用在团队合作中，然后再进行下一个步骤。这样就能帮助团队进行更清晰的对话，改善内部关系，消除模糊性和误解，从而为提高团队内部的心理安全感打下基础。

第二章 团队合作：应对不确定性

本章主要探讨不确定性对团队的影响。

我应该如何发挥领导力

当我的客户打开马场大门，进入一个充满不确定性的世界，准备开始和马儿完成一天的学习任务时，他们经常问的问题是：

我该如何带领我的马？

我的步伐应该有多快？

我是牵着马走还是跟马并排走？

怎样才能（与马）建立起融洽的关系？

怎样才能牵好马缰？

后来，他们有时候承认在内心深处也会问自己以下问题：

我的团队会不会认为我不能胜任？

这匹马会不会跟我走？

我会不会是唯一一个无法与马建立融洽关系的人？

我是否具备领导力？

我的弱点会不会暴露出来？

我会不会公开出丑？

人们通常都不会把这些问题公开，但他们的外在行为表现会受到这些隐性互动因素的影响。

变化与不确定性

《牛津英语词典》（*Oxford English Dictionary*）对"不确定性"的解释是"一种不确定的状态"，以及"一种未知的、不可靠或不明确的状态"。只要存在变化，人们在寻求新方法的过程中，就一定会遇到不确定性问题。不确定性会通过政治、经济、社会和环境变化以及规则规章变动等外在事件影响我们。

此外，人们工作或生活中的变化也会产生不确定性问题。更换工作，结婚生子，甚至安排度假，都会产生不确定性问题。比如，你匆匆忙忙坐车去赶飞机，却遇到了堵车，这时你会焦躁不安，又或者你安排好了整个度假行程，但是又担心预定的酒店会令你失望，孩子们不喜欢这场花费不菲的旅游。这些感受——失控感，或者对未知结果的焦虑感，都是不确定性给人们造成的影响。

探索新方法也会产生不确定性问题。而这个学习过程对团队来说是至关重要的，因为它能提高团队适应团队本身、企业或环境变化的能力。存在主义心理学家布根塔尔认为，连续的学习过程是对人生本身不确定性的响应。他指出，"生活就像是一份贯穿一生的全职工作，对此所有人都准备不足，但我们必须在人生道路上不断学习，不断做出改变"。人生本身就是不确定的，团队研究不确定性问题的目的往往是为了规避不确定性或更好更快地适应新情况。

寻找确定的答案是大脑的天性，因为确定性能给我们带来安全感。对于不确定性问题，人们只从中获取了一部分信息，另外一部分信息则不为人们掌握。就像是面对一幅少了几块部件的拼图一样，大脑会尝试补齐缺失的部分，并根据自己的判断，把完整的信息拼合出来。人们会根据个人偏好、过往经历、技能、观念、价值观和信念体系，补齐缺失的部分。每个人的经历各不相同，因此人们对不确定的外部世界有着不同的理解。由于每个人的观点不一样，而不同的观点又构成了不同的信念体系，因此，人们往往会对政治问题产生激烈的争论。

不确定性带来的一个问题是，一旦你做出一个判断，你就会相信它，并寻找其他信息佐证自己的判断。而一旦你形成结论，就很难改变自己的想法，也就不再考虑其他新出现的信息，顽固地坚持自己原来的判断。面对不确定性问题，团队内部会形成不同的看法，人们会在如何处理不确定性问题，以及如何解决这些问题上，产生不同的观点，而观点不一致会导致争论。

团队内部需要秉承包容的态度，并愿意通过内部讨论改变个人的观点。这是一种后天习得的行为习惯，它需要花费时间才能养成。如果你能够形成这样的团队理念，并且愿意接受他人观点，改变自己的观点，你就能与他人进行高质量的对话。事实上，团队内部很少形成完全一致的观点，因此总需要有人做出让步。

不确定性区域

不确定性会让人产生不适感。而在舒适区，所有问题都是已知的，所有的方法也都经过了尝试和检测，因此人们会感到安全。不确定性意味着我们要进入一个未知领域，所有问题都充满变数。人们不能照搬已知的方法或挪用已有的认识，只能集中精力应对未知的或不明确的问题，这会让人们对自己产生怀疑。与我共事的每一位领导者都不缺乏领导力，他们每天在自己熟知的领域开展工作，但他们一旦离开驾轻就熟的舒适区，进入一个全新而陌生的领域后，也会对不确定性感到无力，甚至产生自我怀疑。

图1-1显示了人们对不同不确定性区域的舒适感程度，处在最左侧的区域，人们会感到乏味、无聊；进入右侧区域，人们会感到舒适、安全；再往右，人们会觉得自己的能力得到了充分发挥；进入最右侧区域，人们会产生挫败感，不知道如何应对。一天之中，根据自己所从事的不同工作，人们会从区间的一侧移动到另一侧。

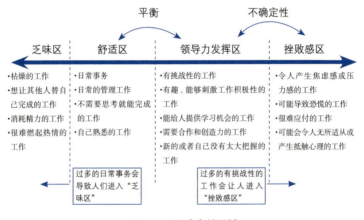

图1-1 不确定性区域

大多数人在大部分时间都处于舒适区。人们也非常熟悉舒适区的工作方式。但如果在舒适区待得太久，生活和工作就会变得枯燥乏味，人们就会朝左侧的乏味区移动。这个区域的工作缺乏趣味性，很难对人产生激励。如果人们把大量的时间用在令自己兴奋的工作上，那么即使稍微做一点无聊的工作也是可以接受的。但如果人们把一整天都花在无聊的工作上，便会很快失去兴趣。长时间处于无聊状态会让人麻木、沮丧。

如果你走出自己的舒适区，尝试做一些能充分发挥个人能力的事情，就能获得学习机会，提升自己的领导力。你会在信息尚未充分的情况下做出判断，制定决策，并在自己领导力的辅助下，为其他成员指明方向。因此，领导者及其团队必须充满信心，从自己非常熟悉的舒适区，跨越到充满不确定性但能充分发挥领导力的领导力发挥区。

从图1-1中，我们可以发现舒适区根本不需要领导力，这是因为只有在信息不充分的情况下，人们才需要发挥领导力，表明自己的立场，制定决策并影响他人。团队的其他成员会对你的立场、决策和影响做出反应。如果你无法控制这个过程，此时你与其他成员的人际关系也会产生不确定性。你可以影响他人但不能控制他人。儿童习惯于走出自己的舒适区，不断学习；成年人则不愿学习，因为学习并不是一个明确的、令人感到舒适的过程。不断学习、持续调整的能力是团队的关键能力。

当然，同时应对太多不确定性问题，或者同时面对太多新情况，会让人手足无措，陷入沮丧状态。这时，不同的人会有不同的反应。有些人会逃避问题，不愿意去解决问题，或者拒绝改变。他们一般会为自己的决定进行辩解，他们会借口说自己不是害怕改变，而是"不想改变"。

这实际上是逃避问题、避免挫败感或畏惧心理的一种做法。面对不确定性问题，有些人会变得无所适从，为失误寻找各种理由。虽然此时人们会压抑自己的情绪，但这种反应也是挫败感的一种表现，而且往往是一种潜意识反应。

当团队的某个成员产生茫然或抵触情绪后，其他成员则会尝试帮助他摆脱这种状态，说服他采取相应的行动。当你的团队中有人产生了这种情绪后，不能再进一步把他们推向挫败感区，这样不会有任何好处，反而会使他们更加茫然，也更加抵触。对待陷入挫败感的团队成员，其他成员应该更加包容，允许他们自行调整心态，或者带领他们重新进入能够促进学习、充分发挥他们领导力的环境。如果你让他们不必在意这种挫败感，实际上是在忽视、否定他们的情绪。这种做法不仅毫无用处，而且不利于整个团队的进步。

遇到不确定的情况时，团队成员会自动把目光投向领导者，希望领导者能够为他们指明方向，但有时领导者自己也没有明确的方向。追求确定性和明确方向是人们对不确定性的正常反应。玛格丽特·惠特利（Margaret Wheatley）曾经说过："每一种局面都有各自的特点，有的局面简单，有的局面复杂。每一种局面也都是可以应对的。我们必须学会即使落入了水中也要把脑袋露在水面上。"

人们必须欣然接受工作和生活中的不确定性，学会处理自己对未知事物的不安情绪。人们必须相信自己能够利用创造力应对不确定性，并将其视为实现改变的契机。究其本质而言，不确定性意味着人们尚未掌握完全的信息，而承认这一点，并如实告知其他成员自己所掌握的和未掌握的信息，有助于增进成员间的信任。

在舒适区与领导力发挥区之间实现平衡，能够给大多数团队带来益处。太多的不确定性会使整个团队无所适从，而缺少变化又会令人感到乏味。团队成员需要团结合作，互相支持，共同应对不确定的局面，坦诚分享各自对不确定性问题的感受，齐心协力，在逆境中创造转机。

不同的区域之间并没有明显的界限，而且团队里的每个人对不同的区域也有着不同的体验。有些人乐意走出自己的舒适区，喜欢长久处于领导力发挥区。而有些人则更喜欢从事自己舒适区内的工作，因此，这些人需要团队的激励，才能保持活力。

每个成员都需要认识到个人以及团队所处的区域。只有这样，团队才能共同发展，每个成员既不会掉队也不会过度发挥。本书所探讨的隐性互动因素将会帮助你和团队公开分享信息，帮助你在不确定区域发挥自己的领导力。

存在主义危机

存在主义心理学家欧文·D. 亚隆（Irvin D. Yalom）总结出了 4

个存在主义条件因素。这4个因素影响着人们与外界的交流，它们分别是死亡（或者事物的终结）、自由、孤独和无意义感。亚隆认为，人们越是在意这4个因素，存在性焦虑也就越严重。

面对不确定的局面，人们在混乱、困惑和争论中挣扎，于是整个世界都陷入了焦虑的深渊。未来的不确定性引发了一场存在主义危机，由于人们对这场危机的体验各不相同，因此团队协作也会受到不同的影响。

人们对自我的认识越深入，就越在意这些存在主义条件因素，进而引发对不确定性的焦虑。人们逐渐认识到，终身学习已经成为领导者的一项关键技能，但这项技能也可能制造一场针对信任的存在主义危机。很多领导者害怕参与学习，这种倾向在高管团队中异常普遍。原因在于高管们不愿公开面对来自同事的批评。

学习的风险确实很高，但其带来的收益也更为丰厚。因此，领导者及其团队必须摆脱存在主义条件因素所引发的焦虑感，并强化自我认识，理解自身存在的意义，发挥自身潜力。在此过程中，他们也需要得到团队的支持，如其他成员提供的指导或引导。

霍夫曼解释了情绪是如何帮助人们理解自身存在意义的，他指出，"在疯狂追求确定性的过程中，我们越发无法理解存在的奥秘"。所有的情绪都能帮助我们改变对生活（或工作）的体验。不确定性能激起人们强烈的情绪，因此，人们必须化解而不是压抑自己的这些情绪。我曾经在《领导力驾驭未知》一书中，详细探讨了不确定性、人们的情绪反应，以及如何应对这些反应等问题。

不确定性对团队的影响

不确定性会对每个人的情绪造成影响，其影响的方式也因人而异。有些人会专注于问题的积极方面；有些人则会陷入绝望，但不表现出来，因为他们觉得自己应该在此时展现出无所畏惧的精神。压抑自身情绪也属于影响团队绩效的隐性互动因素。如果人们持续压抑自己的情绪，一直拒绝公开讨论自己对团队合作的负面感受，那么这些情绪就会对团队协作造成长期的负面影响。

面对不确定局面，保持团队内部的沟通是十分重要的，这能赋予人们更多空间，帮助人们更好地理解不确定性对团队的影响，更好地利用团队的支持，团结整个团队，共同谋求发展。如果你的观点与团队中的其他人完全对立，你也无须假意附和，而应通过对话理解其他人的想法。当你不同意某些人的观点，并且亲近与自己观点一致的人时，你就有可能会跟那些持不同观点的人产生距离感。正确的做法是，将情绪表达看作是加深人际关系的机遇，并通过对话和听取他人的意见来加深对彼此的理解。

不确定性会引发存在主义危机，团队只有团结起来，互相支持，寻求个人和集体的发展机遇，努力创新工作方法，才能战胜这一危机。

玛格丽特·惠特利解释道："人生的变化是突然的。"她认为，对确定性的追求会让人们抵触突然出现的不确定性，并重复固有的行为模式，但这些模式往往没有什么作用。"接受不确定性，愿意采纳新观念，不是我们人类所擅长的。我们习惯于利用自己的大脑和认知力抗拒变化。"

人生充满变数，世上没有什么确定不变的东西。当然，这不是鼓励人们在不确定性面前放弃抵抗。相反，团队协作和领导力技能会帮助你应对工作和生活中的不确定性。本书重点探讨团队中的隐性互动因素，我建议读者保持开放的态度，不断探索自己与团队应对不确定性的思路，解决企业和团队的不确定性问题。

第三章 高绩效团队的 OPUS 方法

本章主要介绍 OPUS 方法的 4 个步骤。

提升团队绩效的 4 个步骤

我在本书中阐述了团队合作的特点，并重点分析了团队内部的非语言交流问题。这类潜意识交流虽然并不借助语言进行，但能促进领导力的发挥，提升团队绩效。尤金·T. 根德林（Eugene T. Gendlin）解释了研究非语言行为的困难之处，他指出，"感觉无法通过语言实现自我传递，人们很难用语言将它描述出来"。

尽管如此，本书还是借助语言文字介绍了 OPUS 方法，详细探讨了非语言隐性互动因素如何影响团队合作，以及人们如何更自觉地发挥领导力，提高沟通效率等问题。OPUS 方法共包含 4 个步骤和 12 项隐性互动因素，分别是：

步骤 1：明确组织模式，包括团队协作的 3 种模式。

步骤 2：激发团队活力，包括激发团队活力的 3 个关键。

步骤3：增进互相理解，主要介绍3个认识层面，它们能够帮助团队更好地制定决策、落实措施。

步骤4：重视潜意识思维活动，主要介绍人们在潜意识下进行的3种思维活动，它们既能制造分歧，也能凝聚力量。

步骤1：明确组织模式

团队都是由不同成员组成的，而每个人的目标和目的各不相同。因此，让团队成员同时以相同的节奏，朝着同一方向，为实现共同的愿景和目标共同努力，是一项异常艰巨的任务。比如，有时候首席财务官会认为自己的职责与首席人力资源官有冲突，或者销售总监与运营总监无法产生协同效应。这就是为什么领导会对不同的工作重点争论不休。

我最常听到的一个问题是：人们没时间去 …… 比如没有时间改善人际关系，没时间了解人们的感受，没时间休息一下，没时间发挥创造力，没时间明确团队策略，没时间协同工作等。但如果你总是做你以前做过的事情，你就只能实现你以前实现过的目标。这样你就不能更加有效、更加高效地利用时间。绝大多数团队都会遇到这样的问题，这不仅耗费精力，也令人沮丧、懊恼。

我们都趋向于某个特定的领导力风格，但切换不同的领导风格能起到不同的作用，适应不同的工作情景和不同的领导对象。领导者应具备切换不同领导风格的能力，这样才能发挥团队的能力。"步骤1：明确组织模式"这一部分介绍了3种重要的领导模式，每个团队都需要在工作中灵活运用这3种模式：

（1）前端带领：明确团队方向。

（2）中端协同：贯彻执行，为团队提供指导和支持。

（3）后端推进：落实成员责任，确保团队不偏离既定方向。

在第二部分分别探讨了这3种模式，并分析了每种模式在团队中的首要职责以及需要注意的事项。很多公司目前仍采用自上而下的科层结构。我们提出的组织模式既适合科层结构也适合扁平化组织结构。事实上，为了有效开展团队合作，企业应融合采用这两种企业结构。如果企业仅依赖科层结构，那么决策只是高管层的责任。团队则只能等待上级的决策或命令，而不会主动履行职责。而完全民主的扁平化结构容易导致管理混乱，团队内部缺乏秩序，会使团队的发展陷入停滞。造成这一结果的原因在于团队很少能够形成共识。组织内部会陷入无休止的争论，最终所有人都会感到厌烦，失去热情，成员之间也会因此产生隔阂。团队中必须有人站出来表明立场，做出决定，明确战略方向，当然，这并不意味着每次都由同一个人担当这一角色。

组织模式应满足人们对决策力和团队合作的要求。团队中的每个成员必须能够根据团队需要，随时适应相应的工作岗位，这样团队绩效才能提高。团队只有平衡好这3种领导模式 —— 前端带领、中端协同和后端推进，才能形成合力，实现快速发展。

步骤2：激发团队活力

大多数企业都处于高速运营状态。在效益至上的氛围下，所有人都不堪重负。在这种背景下，似乎所有事情都很重要，所有问题都值得优先处理。这很容易导致人们产生挫败感，没有机会实现合作，最终不堪重负。很多人都处于筋疲力尽的边缘，他们每年只有几周的假期，正是这点短暂放松的时间支撑着他们继续开展工作。事实上，这是一种低效而病态的工作方式。

我每天都在跟杰出的人才打交道，虽然他们工作出色，但他们大都承担着高负荷在工作，普遍感到疲倦和焦虑。工作重点冲突，分散了团队的资源，导致团队内部士气低落，另外，快节奏的变化使得团队无法激发成员的动力，提高他们的工作热情。再加上团队成员压力太大，情绪也受到压抑，因此，团队的生产力和工作效率大大降低。

团队必须时刻关注成员的压力水平，并把成员的情绪问题当作制定决策的参考信息。团队还需要调动成员的活力和热情，在一个健康的压力水平下运转。

OPUS方法的步骤2介绍了激发团队活力、提高沟通效率的3个关键，旨在帮助领导者建立一种更高效、更健康的工作和协作方式。这3个关键分别是：

（1）提升团队幸福感：平衡好适应力、压力和工作负荷之间的关系。

（2）激发团队能量：通过情绪理解他人，并积极地影响他人。

（3）提高沟通效率：公开讨论隐性互动因素。

第三部分探讨了幸福感、情绪和沟通的问题，并重点分析了团队如何暴露隐性互动因素，如何更好地理解团队的内部情况，以及如何促进团队发展等问题。

团队只有自信（且放心大胆）地暴露这些非语言因素，内部沟通才能更透明、更诚恳、更有成效，每个人才能明确自己工作职责。沟通是解决意见分歧的必由之路，它能深化成员之间的互相理解，消除困惑和误解，从根源上解决绝大多数矛盾。

这3个关键方法能够有效激发团队活力。通过暴露潜意识因素，借助团队内部的公开讨论，人们可以持续改进团队协作效果，确保每个人的需求都能得到满足。

步骤 3：增进互相理解

过去，我们一直通过认知信息来评价个人的能力。团队的领导者和管理人员之所以能够获得相应的职位，原因主要在于他们经验更为丰富，具有更充分的专业知识储备。随着企业逐渐打破科层结构，向项目导向型企业过渡，企业（同时也是一个团队）内部关系也更加分散、多变，这类问题也变得更加复杂。

在不确定的局面下，任何问题都没有确定的、非此即彼的答案。因此，领导者不能将自己局限在知识和经验层面，而应进一步提高自己的技能。在不确定的局面下，信息通常是不完备的，领导者及其团队必须根据自己的经验和已有的信息做出决策。如果团队能够高效协作，人们就能充分利用自己的知识和经验，做出更英明的决策，共同探讨和解决问题。

第四部分对 OPUS 方法的步骤 3 进行了探讨，主要探讨了非语言认识的 3 个层面。它们能够帮助团队在不确定的局面下更好地决策，帮助团队成员消除疑惑，增进理解。每一个认识层面都包含丰富的信息，它们能够优化决策，对成员产生积极的影响，并确保人们在应对不确定的局面时厘清头绪，走出困惑。

这 3 个认识层面包括：

（1）加深自我认识：主要探讨他人和环境对个人有何影响，以及个人如何做出反应。

（2）提高关系认识：主要探讨团队内部之间如何互相影响。

（3）形成系统认识：主要探讨更高一级的团队、市场环境、客户、供应商的影响，以及整个大系统内部参与者的想法和做法。

在对事实和信息认知还不充分的时候，这些隐性的、难以诉诸语言的信息可以指导人们更好地做决策。提高自己对非语言因素的理解力，能够帮助人们消除模糊性，更好地处理不确定性问题，帮助人们综合考量情绪和市场意识问题，服务大局。

"明确组织模式"和"激发团队活力"两部分，是"增进互相理解"的前提和基础。在本部分，我们还研究了如何理解身体直觉的问题，以及它对发挥领导力和体验领导力的作用。

运用这3个层面的认识，领导者就能清楚何时需要转换不同的领导风格（即步骤1明确组织模式所探讨的3种角色），或者清楚哪一个关键（即步骤2激发团队活力所探讨的3个关键）更值得关注。加深自己对这3个认识层面的理解，并适时切换不同的认识层面，你就可以更好地认识和理解以前可能被忽视的大量信息。

步骤4：重视潜意识思维活动

除了利用自我认识、关系认识和系统认识，我们还会进行潜意识思维活动以填补不完备的信息，并说服自己相信它的真实性，尤其是在面对不确定局面时。人们经常在情绪的驱使下对人和事物做出判断，而且会为自己的立场寻找借口。人们一旦做出决策，就会刻意寻找那些能够支持这一决策的信息，忽视那些对自己结论不利的论据。这些行为往往都是无意识的，因此人们会不经意地改善或者破坏合作关系。

如果有人做了你不喜欢的事情，那他就损害了你们之间的信任基础，也再难获得你的信任。双方都会为此产生成见，或坚守各自的心理边界，当然，双方也可能对此完全不在意。在前一种情况下，人们之间会不自觉地产生疏离感，也容易出现意见分歧。

对此，人们应充分意识到自己的潜意识思维活动，用真诚和开放的对话打破自己因情绪做出的判断。通过增进互相理解，团队可以消除意见分歧，促进团队协作。充分认识潜意识的思维活动，人们可以消除隔阂和距离感，营造团结和谐的内部环境。

OPUS方法的步骤4将在第五部分进行讲解，主要探讨如何处理3种不同类型的潜意识思维活动，分别是：

（1）把握心理边界：能够帮助团队明确方向和指导原则，但会使成员之间产生距离感。

（2）做出假设：能够影响工作方式并给他人设定一定的预期，但有可能造成沟通无效。

（3）明确意图：通过发挥潜意识信念的作用，提高专注力，来影响团队协作的有效性。

对于每一类潜意识思维活动，我都重点分析了其改善团队关系的方式，及其可能导致的问题。每个人都不是静态不变的，人们的行为会随着技能的提升、信念体系的改变，以及经验的积累而改变。团队中某一个成员的改变会对其他成员产生影响，并进一步引起其他变化。

因此，团队会不断产生变化，不断适应新变化，不断开拓进取。但是，人们总认为团队很少发生变化，总是根据自己的期望做出一些假设，最终却意外地发现人们的行为没有像假设那样一成不变，或者干脆拒绝承认这种变化。

步骤4给团队提出了一个艰巨的任务，它要求人们深刻分析自己的思维过程，以及这些过程对团队的影响。通过探究这些潜意识思维形式，人们会更加理解自己的行为模式对团队的影响，进而对自己的行为模式加以利用，凝聚团队力量，促进团队协同发展。

自觉参与团队合作

如果团队中的每一个成员都能自由地表达自己的意见，彼此坦诚相待，那么，在这样一个团队里工作，会感觉非常轻松。但事实上，人们不愿公开面对批评，这就导致这些隐性互动因素始终处于隐性和潜意识状态。如果人们能够愿意放低姿态，互相学习，吸取成功的经验和失败的教训，那么团队合作就会更加富有成效。如果团队能够轻松地开展内部对话，成员间就会更加坦诚，更加乐意接受意见。团队内部的沟通方式决定了人们的合作能力。

如果读者愿意的话，可以单独采纳上述步骤。每一个步骤都能将隐性互动因素公开化，使含糊的信息变得清晰明确，从而改善团队沟通和团队合作。不过，我建议读者最好综合采纳这4个步骤，因为这4个步骤的关系是递进的，前一个步骤是后一个步骤的基础，只有综合运用这4个步骤才能将团队沟通的效率最大化。

在团队合作过程中，每时每刻都在进行着潜意识的隐性互动。团队和个人必须充分认识这些因素，细致地做出调整，充分利用它们，这样人们才能在信任、尊重和公开的基础上，提高团队沟通的效率。同时也能提高团队内部的幸福感和团队绩效，并对整个企业乃至整个职场环境产生积极影响。

在后面的章节中，我们将进一步详细探讨这12项时刻发生作用的隐性互动因素。

02

步骤 1：明确组织模式

本部分将探讨团队协作的3种组织模式。

关键问题及盲点

绝大多数团队都遭遇过以下问题，但是有时候团队可能没有意识到这些问题的存在。这些问题包括：

- 团队成员可能喜欢独自解决问题，无法形成协同效应。
- 团队的目标不明确，成员的目标不一致，团队总是在不停地调整工作重点，头痛医头，脚痛医脚。
- 团队的领导者可能过多地介入具体事务中，因此整个团队没有获得相应的执行权。

隐性互动因素

"明确组织模式"这一部分探讨的隐性互动因素包括：

- 前端带领。
- 中端协同。
- 后端推进。

预期成效

将本部分内容运用到管理实践中，团队将会有以下收获：

- 学会如何运用这3种领导风格促进团队协作。

- 团队目标更加清晰，更加专注于既定方向。

- 团队成员会更加积极地执行各自职责，执行效率将大大提高，并会对相应的结果主动承担责任。

第四章　前端带领

本章将介绍在前端带领模式下如何下放权力。

排除杂音

我的团队负责软件程序开发项目的交付和技术支持。我们有很多遗留的应用程序项目，但是，最近我发现我们缺乏明确的战略方向。最基本的问题是，团队缺乏秩序，而且面对互相冲突、不断变化的业务需求，我们的压力很大。

团队及整个企业内部互相掣肘。造成这个问题的原因是，没有人理解我们到底要做的是什么，以及怎么才能做好。总之，团队的目标不一致。

直到我们参与了祖德的马术辅助领导力建设项目，我们才清楚问题是内部混乱，整个团队都不知道自己的目标是什么，也不知道如何确定目标。因此，我们在培训时把障碍赛场当成我们实际工作中遇到的混乱局面，然后带领着马完成了障碍赛。我们学会了如何明确当前目标，以及如何通过合作来实现这一目标。我们发现，通过坦诚相待，互相听取意见，我们提高了效率，缩短了交付周期，改变了混乱局面。与祖德的合作，让我们学会了如何给出诚恳的反馈，以及如何公开讨论哪些行为对团队合作有益，哪些行为对团队合作不利。

在与马队的相处过程中我们顿悟了很多道理，我们明白了怎样才能更团结地进行合作。以前遇到新鲜事物，团队成员总是有抵触情绪，而现在大家更愿意尝试一下。我们从原来的"延期交付"团队，转化成了"清楚客户需求、满足客户要求"的团队。我们每个人都懂得如何排除杂音，朝着明确的目标迈进。当然，我们也不是总能做对，但我们知道如何学习，如何不断尝试。

——导盲犬公司应用开发与技术支持部负责人

珍·亨廷顿（Jane Huntington）

前端带领模式以及人们对它的误解

本部分一共探讨了 3 种能够有效推进团队合作的重要领导风格。这 3 种风格各有所长，前端带领模式能够帮助团队明确方向，中端协同模式注重落实执行和促进合作，而后端推进模式侧重于确保团队成员肩负相应的职责。

本章主要探讨前端带领模式。这种领导模式为领导者之外的每一个成员树立了同一个愿景，以应对不确定的局面，并帮助团队放松心情。"树立愿景能够帮助团队明确目标，像研究过去一样研究未来。"我建议读者花上一两分钟重新读一下西内克的那句话，感受一下它所蕴含的能量。这种能量能够点燃人们的热情，唤起团队对未来各种可能的向往。这就是前端带领模式的独特能量。但是，团队遇到的最常见问题是，团队缺少明确的发展方向，或者觉得目标无法实现，尤其是在不确定的局面下。

在快节奏的职场环境中，团队工作重点不断发生变化，让团队成员觉得自己处于外界环境的裹挟之下，无法发挥主观能动性。这种情况下，由于目标不一致，团队成员会产生困惑，彼此意见不统一，互相之间产生矛盾。团队的工作重点不断发生变化，是造成目标不明确的主要原因。常见的情况是，成员没有时间就新的目标达成一致。然而，达成共识是十分必要的。盲目追逐下一个新鲜事物，分散了团队的注意力，这样一来即使最优秀的团队也会偏离轨道。

人们的一个常见误解是前端带领模式是领导团队的唯一形式。事实上，这种领导风格只是促进团队实现共同目标的一种方式。本章之后两章分别介绍另外两种重要模式。就本章而言，我们主要详细探讨如何采用前端带领模式。

团队要有清晰的目标

有的人要为团队树立起一个目标或一种理念，而有的人则必须为团队做出决策。你的目标是什么呢？

前端带领模式要求领导者必须具有清晰、明确的目标和敏锐的体察力。清晰明确的目标能为团队勾勒全局视野，确定战略方向，这样每个人都知道自己应该朝什么方向努力。

敏锐的体察力也非常重要，但往往是被忽视的一环。很多领导者都清楚他们想朝哪个方向发展，因此他们都有着清晰明确的目标，但是他们喜欢牢牢控制整个团队。这样的领导者缺乏敏锐的体察力，与其说是在领导团队，倒不如说是在控制团队。很多领导者向我抱怨下属不按照他们的要求行事。问题便出在这里。这些领导者认为自己已经明确告诉团队自己的要求了，但是团队成员根本不买账，他们对领导者缺乏信任和尊重，不愿按照领导者的要求执行。

因此，前端带领模式要求领导者把握好一种平衡：既确保团队专注于团队未来（以团队的发展潜力鼓舞士气），又要富有共情力和理解力。共情力和理解力要求领导者必须明白，以团队现有的配置、技能、经验，在时间允许的情况下，团队能够实现什么目标。它同时要求领导者必须清楚，自己是否赢得了团队的信任和尊重。

只有领导者真正赢得了团队的信任和尊重，团队成员才能在既定的方向下明确自己的工作职责。

任何人都可以采用前端带领模式。这种模式通常是董事总经理和首席执行官的主要领导模式，也是团队领导者，如项目经理的主要领导模式。事实上，很少有人会说："好了，出发吧，就沿着这条路走！"这种带路方式只能带你走完一小段路。前端带领是团队内部反复调整的一个过程，但是在这个过程中，最终会有人做出决策，对团队目标和发展方向做出决定，而且做出决策和判断的人有可能并不是同一个人。这取决于团队内外部条件、环境以及个人的技能、经验和偏好。

给团队设定方向似乎是一件再轻松不过的事情，但实际操作起来最为棘手。回想一下，你曾经多少次在办公室里踱来踱去，为实现什么样的目标而思前想后。这是最需要你明确方向的时刻。其实，在这种情况下，任何人都可以进行前端带领，但现实情况是，要么每个人都想充当领导者的角色，但没人买账；要么没有人站出来，一锤定音。典型问题就是，有些团队总是争论不休，大家对由谁负责确定团队目标这个问题不能达成一致。这时候，善于倾听是一种关键但常常被忽视的品质。

前端带领模式要求人们要在宏观层面和微观层面都确定清晰的目标。大到全局视野、公司战略，小到每个会议或项目，都需要清晰的目标和明确的方向。人们可以根据自己经验设定具有一定挑战性但又可以实现的目标。为了实现这两方面的均衡，人们需要在实现过程中对目标进行适当调整。太富于挑战性的目标很难被每个人接受，而且容易挫伤团队积极性，令团队缺乏活力，充满焦虑。这种情况就是前文提到的"挫败感区"。

每个人对目标、目的的偏好都有所不同。有些人喜欢细致的、被安排好的目标，他们想知道自己每一步需要做什么；有些人则需要更多的空间，以方便他们进行创新；有些人觉得富有挑战性的目标会令他们充满斗志，他们会为实现目标做出努力；有些人则认为目标太艰巨，自己能完成80%就已经很开心了；还有一些人则会被富有挑战性的目标挫伤锐气，他们更习惯自己能力范围内的目标。每个人的积极性不同，因此前端带领模式在一定程度上要求人们必须协调好不同个性、积极性的团队成员，让他们同时发挥各自的能力！

最重要的不是提出自己的要求，而是要使人们明白团队更高层面的需要。"步骤3：增进互相理解"这一章详细探讨了如何发挥领导力，以服务于团队更高层面需要这一课题，第四部分的几章分析了不同层面的认识，这些认识层面能够帮助人们理解团队互动的问题，进而优化决策和沟通过程。

大多数行业都充斥着快节奏的变化，团队的工作重点常常需要调整。一旦新的情况出现，团队就需要相应地做出调整和响应，这就会给团队造成暂时的混乱和困惑。因此，此时的团队更需要清晰的目标和明确的方向。领导者必须就工作重点的调整做出解释，这样每个成员都能清楚新的工作重点以及这样做的原因。一方面，团队应赋予成员一定的灵活空间，另一方面，也需要注意，工作重点调整得太频繁会使团队成员没时间完成任何任务，从而给团队造成更严重的混乱。

虽然有时候团队成员调整了工作重点，但团队往往仍然保留原来的工作重点。这种情况会加重团队成员的工作负担，而且他们会因工作重点发生冲突而产生矛盾。要接受新的工作重点，就必须放弃原来的某些工作重点，团队通常很难就这个问题达成一致。因此，每个人都想兼顾各个方面。但这种做法不仅难以获得收益，团队目标也很难实现，从而导致效率低下，无法按时完成任务。另外，这还会给团队成员造成心理负担和挫败感，最终影响团队业绩。

下放权力

当工作重点发生变化时，人们必须清楚，为了保证新的工作重点得到优先处理，哪些权力需要下放。很多人认为，前端带领模式是一种领导者处于支配地位的领导风格。事实上，这种风格的领导者对执行的支配力是最弱的。它强调团队的未来，重视战略性思维，它要求领导者和团队其他成员互相信任、互相尊重。

前端带领模式最常见的问题是，当人们专注于团队的发展目标时，很容易忽视已经出现的问题。如果你信任自己的团队，团队成员也清楚你对他们抱有的期望，他们就会积极跟你沟通，这样你就不需要时刻检查他们的工作。

而团队成员通常在出现问题之后才会跟你沟通，问题恰恰出在这里。因此前端领导者常常会觉得自己好像什么也没有领导，没有人告诉自己发生了什么事情。于是，领导者会不停地检查团队的工作进度。而领导者的这种做法会打断团队的前进势头。

还有一个原因是，领导者不希望与团队成员产生疏离感，同时又想确保所有事情都在正常运转。许多团队领导者希望融入团队之中，参与团队日常工作，仅处于团队前端（或者在科层体制中处于"顶端"）会让领导者觉得自己被疏远了。但领导者越是参与具体工作，团队就会越依赖领导者。这既不利于团队发展，也会阻碍团队成员为解决分歧而承担相应的责任，并且导致团队其他成员无法独立做出重要的决策。一方面处于团队前端的领导者希望团队能够成长、进步；另一方面，团队其他成员希望获得更多的空间，但是领导者虽然赋予了他们相应的职责，却不放权。无论是领导者还是其他成员，都对此感到沮丧。

这就形成了恶性循环。事实上，如果选择前端带领模式，领导者就必须下放权力，给予团队信任，相信团队能够独立解决分歧。领导者需要鼓励团队独立解决问题，同时让团队清楚自己对他们的期望以及在沟通方面的要求。这样，领导者就能既参与团队事务，同时又不用为每一项事情负责。领导者越专注于团队方向，让成员清楚团队愿景和方向，团队就越能够独立承担更多责任。

如果领导者过多介入具体工作，结果可能适得其反。因此，更好的做法是，学会下放权力，赋予团队成员一定的操作空间，培养他们独立决策的能力。如果领导者每次都参与决策过程，团队就会形成依赖性，最终给领导者带来更繁重的工作负担、更大的工作压力。但如果团队成员明确团队的发展方向，明确各自的角色、职责，他们就会承担更多的责任，更富有主动性。

权力下放为团队成长、进步创造了空间。如果团队习惯了自上而下的指导，那么当他们承担更多责任时，可能就需要获得更多的支持。

为执行创造"留白"空间

当领导者设定好团队方向，并将权力下放时，实际上就初步形成了一段"留白"空间。有的领导者希望自己填补这段"留白"，而不是给团队留出执行空间，让团队独立解决具体工作内容和工作方法的问题。人们从产生想法到将其表达出来，再到团队消化、理解，最后到执行，都需要一定的时间。

有时，这是一个短暂的过程，有时则需要较长的时间。领导者应避免填补这段"留白"，因为这样就会使自己继续介入具体的工作细节。理智的做法是，给团队一定的时间，让团队自行解决如何调整以及确定具体工作内容的问题。

赋予团队一定的执行空间与支配权力、填补执行"留白"之间没有明显的界线。因此，体察力就成了前端带领的领导者不可缺少的一种品质，但这种品质往往被人们忽视。领导者应具备敏锐的体察力，必须清楚目标和方向应该清晰到何种程度，以及自己对团队的检查应该如何拿捏，这样才能保证人们能够互相理解，并确保执行过程顺畅。

团队要营造一种沟通畅通的内部环境，确保前端和中端之间沟通顺畅，以使领导者能够清楚地知道团队什么时候需要自己，什么时候不需要。领导者要培养团队自行解决问题的能力，这样自己就不需要过多介入具体工作。

对领导者来说，下放权力与促进团队成长和进步，是同等重要的职责。如果领导者希望团队成长，就必须下放权力，并为团队创造执行权力的空间。

放权的益处

领导者的放权能够为自己的团队赋能，使其承担更多的职责，也能充分体现领导者对团队成员的信任，鼓励他们在团队内部效仿领导者的做法。

长期的内部争论以及对目标的偏离，会使团队浪费大量的时间和精力。因此，领导者应该确保团队清楚自己的想法，并赋予团队执行的权力。领导者还需要鼓励团队成员与自己进行沟通，使自己能够掌握团队各项事务的动向，确保一切工作都没有偏离正轨。长此以往，领导者就能增进自己与团队的互信，团队也能清楚何时需要向领导汇报最新信息，何时需要领导参与。这样，领导者不但不会有被孤立的感觉，而且也能通过沟通掌握各项事务的动向。

团队赋能会给团队带来更多的安全感，使其跳出舒适区，更好地开展中端执行工作，这样团队才能成长和进步。前端带领模式能使领导者更加专注于战略问题，有利于领导者抓住新机遇，推动企业发展。如果每个人都清楚自己的角色定位，也都恪守自己的职责，那么团队合作将会更加轻松。而这一切的前提是领导者发挥好前端带领工作。

构建愿景要求领导者将执行权下放，专注于团队的发展问题。疏离和独立是两个不同的概念。疏离表明人们内心渴望支持，而独立则有吸引人们追随的意味。前端带领模式要求领导者独立处于团队前端，把握团队大局，将执行权力下放给团队，同时给予团队信任，相信他们会紧跟自己的步伐，这样领导者永远不会孤独。

权力下放的同时促进沟通对话

前端带领模式要求领导者专注于团队发展。有时候，团队需要先确保每个人步调一致，然后再开展执行工作。事实上，领导者确定好发展方向后，自己应该先迈出第一步，鼓励和带领每个人开展相应的工作。团队以互相信任和互相尊重为基础，加强内部人际关系，从而推动团队的发展。

领导者应给予团队成员足够的空间，方便他们履行各自的职责，解决内部的分歧。领导者还应该关注内部反馈，根据需要调整工作重点，确保每一个成员都知晓新的工作重点。在调整过程中，为了纳入新的工作重点，领导者必须明确哪些权力可以下放给团队。领导者必须有所取舍，切忌频繁地纳入新的工作重点，并将其置于工作重点列表的最高优先等级。如果团队不明确这一点，那么每个人都会做出各自的判断，形成不同的观点，就会出现观念混乱的局面。

目标不一致造成的内部观念不明确，会浪费团队资源，打击团队士气。前端带领模式能够确保每个成员都清楚自己的职责。领导者必须清醒地认识到自己不可能知道所有问题的答案，自己的职责是团结所有成员寻找答案。前端领导者应该保持虚心、诚恳、坦率的态度。

前端领导者应该赋予团队执行的权力，这样领导者就能专注于团队的未来和战略问题。下一章将介绍中端协同模式，重点探讨团队的执行问题。

第五章　中端协同

本章主要介绍如何促进团队充分执行职责。

同步交流

凯莉和某个团队静静地站在马场里，主要原因是凯莉不愿移动。大家尝试了所有办法，都不能让它迈开脚步。他们都希望能带领它穿过大门。凯莉则希望他们能够保持步调一致，但他们六个人有六种想法，这让它无所适从。其中一个人向前迈了一步，她希望凯莉能跟着她的步伐，但另外一个人向后退了一步，还有人站着不动。凯莉不知道到底该服从哪一个，于是干脆闭上了眼睛，谁也不搭理。

每个人都把注意力集中在凯莉身上，觉得它是团队里的"问题员工"。团队希望凯莉能和大家一起穿过大门，他们下定决心要做到这一点，每个人都尝试了各种方法。他们愿意尝试各种方法，也愿意进行调整，但最终只能站在那里注视着它。他们每个人都对凯莉使用了不同的方法，试图让它迈出一步，但他们自己的步调没有统一起来。没有人明确指出行走的方向，也没有人把注意力放在大门上。

此外，每个人的支配欲望越来越强烈，他们实现预期目标的愿望比邀请凯莉融入团队的愿望还要强烈。其实，这种情况在职场中并不少见。每个人都尽力做好自己的工作，实现某个目标，但他们各做各的，缺乏协调性。在合作出现问题后便解决问题，再出现类似问题，再去解决，于是团队陷入这样的循环怪圈中。

而凯莉需要的只是一个明确的方向，高度的专注力和同步的交流，它希望人们欢迎自己融入团队，而不是被控制和支配。我后来要求这个团队的成员先深吸一口气，然后放松一下身体。连续的失败尝试已经让团队内部产生了紧张氛围。对目标的渴望已经盖过了他们加强内部关系的初衷。在我的建议下，团队开始安静下来，他们深吸了几口气。然后我要求他们注视大门，数到 3 之后一同朝大门的方向迈步。一个人站在凯莉前面，另一个人站在凯莉后面，负责鼓舞士气，其他人则站在凯莉的两侧。站在前面的领导者大声发号施令："1、2、3，走！"

每个人的注意力从凯莉身上转移到了他们前进的方向上。他们的想法瞬间变得非常明确而一致。就在他们望向大门的那一刻，凯莉的目光也转向了大门。每个人都冷静了下来，他们同时抬起了脚，迈出了第一步。在他们迈出第二步的时候，凯莉也抬起了它的蹄子，迈出了第一步。整个团队步调一致地朝大门走去，凯莉也心甘情愿地紧跟他们的步伐。

非典型领导者

中端协同是人们最不擅长的一项工作，这是因为人们习惯于服从上级领导。即使在最好的情况下，人们在这种倾向下也会形成一种"孤岛思维"，每个人都只关心自己的工作，中端领导者中无人为全局负责。更严重的话，这会将所有职责全部压在前端领导者身上，而对前端领导者而言，他更希望团队能够积极参与团队事务，承担更多的责任。

人们只有坐在团队前端领导者的位子上，才会认为自己是个领导者。负责中端协同的领导者往往不会把自己看作领导者。他们会默默地开展自己的工作，实现自己的目标。在团队合作中，这是一种最常见的错误观点。如果每个人都埋头从事自己的工作，只在有需要时才进行沟通，那么团队将陷入各自为政的状态。这种做法会使人们一遇到关键决策和关键问题，就去找前端领导者决定。这样，前端领导者会不停地介入具体事务，最终形成恶性循环。

中端协同是团队合作中难度最大的一项工作，这是因为负责这项工作的人不仅要对团队的成功负责，而且要积极地影响每个成员，同时还要实现自己的目标。这项工作要求领导者必须不停地关注团队整体，关注自己与团队的协调问题，同时还要担当沟通媒介的角色，肩负着指导职责，指导身边那些需要帮助的成员。负责这个工作的人必须是个"多面手"，他不仅需要具备多项技能，还需要极高的专注力和谦虚的态度。

没有人愿意成为"问题员工"。我们可以换位思考一下，被视为"问题员工"会是什么感觉？你会感觉到，每个人都认为你应该这样做，但你偏偏那样做。中端协同模式也是一种侧重于指导、崇尚民主氛围的领导风格。它通过有效的沟通确保每个人都不偏离团队的方向，让每个人都不掉队、不离队。

有时团队内部需要有一定的观点碰撞，这时中端领导者就需要鼓励大家充分讨论这种差异，并想办法消除差异。团队内部的观点总会存在一定程度的不同。观点对立有益于团队发展，这是因为它能促使团队从不同的角度思考问题。只有当人们不敢表达自己的观点时，或者当人们对某些问题进行无休止的争论，找不到解决办法时，观点对立才会阻碍团队发展。

过度的交流会使团队陷入混乱。每个人的观点各不相同，人们互相争论，拒绝听取对方的意见。这样的交流不仅会耗费时间，导致人们产生困惑，而且会挫伤人们的积极性，影响内部团结。反过来，缺乏沟通、拒绝交流会破坏人际关系，同样也会挫伤人们的积极性，影响内部团结。

进行中端协同，必须确保每个人都进行有效的沟通。而处于中端的领导者往往只关注自己的工作目标，既不重视团队整体目标，也不关心其他人的工作。为了有效地实现中端协同，相应的领导者不能只关注个人目标，而必须以团队整体目标为重，尽一切努力确保整体目标的实现，促进团队协作，协助团队整体履行共同的职责。

划定职责范围

如果前端领导者确定好了团队目标和战略方向，并且将执行的权力下放给了团队，那么中端领导者就应该重点关注执行工作。这就要求相应的领导者盯紧既定方向，充分考虑团队内部关系，调动团队每个成员的创造力和积极性，并对他们的工作给予支持，带领团队完成好执行工作。

回到本章开头提到的案例，一开始，在那个团队眼里，凯莉是一个"问题员工"，他们想办法纠正它，驱动它前进。但是，当他们把注意力转移到目标（大门）上，并积极地配合协调各自的动作时，凯莉马上转变态度，心甘情愿地融入团队中，服从他们的指令。只有做到目标明确、行动一致，凯莉才会欣然加入团队。

中端领导者必须意识到，自己有权在前端领导者不介入具体工作的情况下，做出决策，解决问题。当然，这样做必须具备两个条件：一是前端领导者不介入具体工作，二是前端领导者为中端领导成员预留了执行空间。中端领导者需要主动肩负起职责，这是这个角色的内在要求，也是它的重要之处。

因为害怕犯错，或者担心自己会招致他人的批评，再加上形势不断变化，充满不确定性，很多中端领导者有时不愿主动履行职责。因此，中端领导者需要明确自己的主要职责，即制定决策，团结其他成员共同分析和解决问题，重视前端领导者的意见，确保团队不偏离既定方向。

如果团队成员意识到自己被赋予了相当的权力，他们往往会直接采取自己的方法，而忽略了前端领导者的意见，他们会很少与前端领导者进行沟通。这样，得不到信息反馈的前端领导者就会介入具体的工作。于是，中端领导者往往觉得某件事不可行，而不愿继续下去。事实上，中端领导者应该更加全面地看待周围发生的事情，应该重视前端领导者的需求，不仅要专注于自身的职责，还要重视团队的共同职责，同时要有大局观。我将在"步骤3：增进互相理解"这一部分详细探讨这些问题。在理解的基础上进行交流，是解决这些问题的关键。

面对混乱局面，人们应该保持思路清晰。这时候人们很难统一认识，因此，中端领导者需要保持最大限度的灵活性，方便团队最终做出人人都信服的决策。

发现大家都忽视的问题后，中端领导者必须及时提出这个问题，供团队讨论。团队需要就这个问题达成一致。第一个发现问题的人不一定是解决这一问题的合适人选，但他肩负着提出这一问题的职责，而且他必须保证自己发现的问题最终能够得到解决。团队中不应该存在一直得不到解决的问题。

有效沟通

"沟通"是一个简单的词语，但执行起来却并不轻松。团队内部时刻进行着非语言形式的隐性互动，但在工作中，似乎每个人都觉得这种隐性互动不存在。这会导致沟通过程不顺畅。

由于前端领导者不介入具体工作，他们不可能掌握中端领导者工作的所有细节。而中端领导者只在问题出现后才去与前端领导者沟通。这就部分切断了前端领导者与团队的联系，而前端领导者希望随时了解事情的进展情况，了解是否出现了严重问题。因此，中端领导者需要主动向前端领导者汇报工作进展，告知哪些工作进展得比较顺利，哪些工作遇到了问题。这会提高前端领导者对中端领导者的信心，方便前者就如何进一步发挥团队潜力以及何时调整工作节奏等问题对后者进行指导。

中端领导者应该向团队成员讲明自己的工作进展。在这个过程中，中端领导者应保持开放和诚恳的态度，如实地反映自己了解的情况，以及自己的要求。团队合作中最大的问题是，缺少信息反馈或者反馈纯粹负面的信息，如指责和非议。人们往往会形成一种倾向，认为是由于某一个人没有按照要求开展工作，才导致了团队的失利。而这个人很容易成为大家眼里的"问题员工"（如本章开头提到的凯莉）。这种做法会使团队内部关系恶化，引起争执，导致观点对立。本书的步骤2到步骤4探讨了如何利用非语言信息解决观点分歧的问题。

当工作进展得不顺利时，中端领导者不应气馁，而应该主动与前端领导者沟通，方便他们了解哪些工作偏离了团队目标，哪些正在有序进行。工作进展不顺利的情况下，沟通是最为重要的。

实现协同

有效的沟通能够帮助中端领导者更好地协调团队内部的工作。中端领导者的职责是尽最大努力协同团队，完成执行工作，确保团队朝着同一个方向共同努力，并充分听取不同的意见，充分研究不同的工作方法，同时盯紧既定方向，不偏离团队目标。

中端领导者必须明白，为了协调好每个人的工作，团队可以适当调整工作内容和工作节奏。由于有些人行动迅速，有些人则慢条斯理，因此协调工作非常具有挑战性。领导者应确保每个人在会议上都能以各自的方式反映和处理反馈信息。有些人想到什么就说什么，有些人则需要在会议结束后，仔细考虑一番，再说出自己的想法。团队要给予每个人以各自方式实现自身发展的机会。

团队内部总会出现意见分歧。中端领导者不应决定方法的正确与否，也不应将自己的方法强加给整个团队。相反，中端领导者应该带领团队共同探讨不同的工作方法，综合借鉴各种方法。目标不一致以及意见分歧容易导致团队内部出现矛盾，这时候，团队内部往往会形成恐慌和焦虑的氛围。人们往往会把注意力放在意见分歧上。正确的做法是，首先将目光投向团队的目标，明确协同的目的是什么。人们一开始就应该聚焦于团队整体，确保团队在这一点上达成一致，并在此基础上消除分歧。这样，团队就能专注于团队目标而不是问题本身。如果相同的问题不断出现，中端领导者就应该马上明白，团队工作需要调整。

人们应该互相借鉴对方的观点。中端领导者应虚心听取他人的意见，找出观点中的共同点，并对共同点表示认可，然后说出自己的其他要求。例如，人们往往会在销售和交付环节产生矛盾。销售团队希望实现自己的销售目标，而交付团队则希望在预算内完成高质量的交付。如果中端领导者能够协调两个团队的需求，而不是肯定某个团队的需求，否定另一个，那么双方的对话将会更有成效。如何才能既满足销售目标，又实现高质量的产品交付或服务交付呢？如果没有销售，那么交付就无从谈起。反过来，高质量的交付能留住更多的消费者，并促进销售。这两个方面互相联系，互相依存。中端领导者需要充分研究，消除意见分歧，形成共识，并将共识传达给团队的每一个成员，最终确保每个成员目标明确，行动一致。

如果团队中有人偏离了团队目标，工作滞后，中端领导者就需要向他重申团队目标，并提供帮助。

以清晰的沟通对抗混乱局面

要实现团队的协同，必须时刻保持沟通，而沟通的关键是人们必须能够清楚地表达自己的想法。清晰的沟通不是一次就能实现的。人们不可能通过一次对话就能把事情表述清楚，然后想当然地以为每个人都了解和同意自己的观点。清晰的沟通是一个连续的过程，在这个过程中，人们会随着事情的变化不断调整和修正自己的想法。

人们往往觉得如果跟某个人谈论过某件事，对方就会对这件事有一个透彻的认识。实际上，只有通过不断的沟通，整个团队才能透彻地理解相应的问题。每个人都有不同的视角，因此团队应该确保每个成员从各自的视角看清楚问题，使每个成员都能理解团队的工作重点，从而发现团队遇到的问题。

中端协同工作要求领导者必须进行有效的沟通，在团队内部形成共同认识，其中包括对分歧观点的认识。这样，中端领导者就能知道自己需要关注哪些问题，才能调整好团队的协同工作，同时判断出哪些分歧需要解决，哪些可以暂时搁置。

互相冲突的目标和工作重点有时会让人们困惑和迷茫。在不确定的局面下，总有一些无法获取的信息。人们既要清楚已有的信息，也要清楚未知的信息。任何时候团队成员都要清楚团队当前的工作重点。

协同不到位会造成团队内部不和，中端领导者的工作就是解决这一问题，确保每个人专注于团队战略、共同愿景和整体目标，确保每个人都能获得相应的支持，共同实现团队目标。

团队内部互相支持

　　成员之间的互相支持能改善团队内部关系，加强团队凝聚力。互相支持还能让人们感觉自己受到了重视，同时还能减轻工作压力。人们由于担心别人怀疑自己的工作能力，或者害怕被拒绝，而不愿寻求他人的支持。寻求他人的支持实际上是一种谦虚的表现，同时也反映出人们有勇气承认自己在某些方面存在不足。诚然，寻求支持意味着自己在能力上有所欠缺，但是，如果人们能够在他人的支持下解决问题，也相当于提高了他人的价值感和参与感。

　　人们应该欣然接受他人的帮助。中端领导者应该清楚自己需要什么类型的支持。例如，有时候人们希望向他人倾诉自己遇到的挫折，或者希望对方提供切实的帮助或者建议。因此，人们必须先清楚自己需要什么形式的支持，在需要他人支持时，主动寻求相应的支持。

　　中端领导者如果发现团队成员遇到了难以解决的问题，就应该主动向其提供支持。有时候，了解他人遇到的困难就是一种有力的支持；有时候，领导者则可能需要向他人提供建议或者实质性帮助。领导者必须清楚自己能提供什么形式的支持，并且努力了解对方的需求，了解对方需要的是倾听还是建议。如果对方不接受你的支持，也不要放在心上。至少，你向他展现出了你愿意提供支持的态度，表现出了自己对团队工作的重视。

人们往往不愿主动向他人提供帮助，原因在于他们害怕被拒绝，或者不愿妨碍他人工作。寻求支持、提供支持和接受支持的问题，经常与假设和自我评价问题混在一起。领导者应该在团队内部营造一种互相支持的氛围，使成员间的互相支持成为团队合作过程中的重要环节。

重视团队中的每个成员

团队中的每个成员都是不可或缺的。虽然在很多人眼里，中端领导者的领导者角色不够突出，但事实上，团队里的执行权主要集中在他们身上。他们负有决策执行、资源投入、支持和沟通的职责。他们为团队设定工作节奏，并解决意见分歧。

中端协同工作往往也是团队产生分裂的主要环节。沟通的复杂性决定了团队需要投入充分的时间进行沟通对话，而团队在这方面往往腾不出时间。一方面，中端领导者需要专心完成本职工作，另一方面，还要处理好团队合作的问题。这两方面的工作需要有机地结合起来，但很多人认识不到这一点。团队内部关系的融洽与否，团队在促进团队协作方面的投入程度，以及成员间是否愿意就复杂问题展开对话，这些因素决定了团队最终能否实现团队目标。

如果每一个成员都能够全心全意投入团队工作，那么团队可以实现任何目标。一旦发现团队合作不顺畅，成员要及时做出适当的调整，确保团队合作的流畅性。团队应为不同的工作方法创造空间，同时避免出现分裂和各自为政的状态。

团队要为解决意见分歧留出足够的时间，领导者即使不同意某个观点，也要努力寻求共识。中端领导者不可能解决所有分歧，但他们必须明确哪些方面的工作没有协同好以及相应的影响是什么。

总之，中端领导者必须时刻重视团队的总体方向。只有专注团队的未来，中端领导者才不会整天忙着头痛医头，脚痛医脚。

虽然愿望是美好的，但人们不可能不犯错误。因此，团队中必须有人承担工作失误的责任，只有这样才能鼓舞团队士气，提高团队的专注力，这就是下一章要探讨的问题。

第六章　后端推进

本章将探讨如何分配责任以实现团队目标的问题。

成员之间互相支持

在完成了管理层收购后，我们团队希望提高自身的能力，丰富自身的经验，同时又不希望冒犯到其他人，或者伤害到其他人的自尊。我向来对领导力培养项目有所怀疑，因为我觉得这似乎是一个逻辑思维过程，而且我的领导经验绝不仅仅是一种"体验到的"感觉。在与马队接触后，大家确实感受到了自己的领导力。这让我开始思考如何发挥自己的领导力。

在那之前，我从没考虑过董事会应该如何团结合作的问题，也没有考虑过企业内的各级团队。当祖德向我解释这3种领导模式（前端领导、中端协同和后端推进）时，我一开始把它们当作一种比喻说法。但是在与马队一起共事后，我发现团队内部可以通过这3种领导模式促进彼此的合作。我不再把领导力与个人英雄主义视为同一概念。

后来，我们在阿莫迪罗公司采用了这三种组织模式，我们不知不觉地分担了领导企业的职责，同时也能在必要的时候轻松切换领导模式。我非常清楚自己什么时候应该介入具体工作，什么时候应该发挥前端带领作用。我也明白，即使有其他人发挥前端带领作用，我也不能完全不闻不问，因为团队还需要有人提供中端和后端的支持。团队成员也都非常清楚互相监督的重要性，比如说，这能帮助我们判断出团队是否需要更多的后端推动力。

我希望团队能够建立更牢固的信任基础，即使出现工作失误，我们也不会对相关责任人妄加羞辱或指责。事实上，我们也确实做到了。我充分发挥了自己的能力，并且我给团队带来的新变化也受到了团队的认可，这些让我心情非常舒畅。同时，我对自己非常有信心，对团队也非常放心，因为我知道，即使我不擅长某些领域的领导工作，团队里也总有我所衷心敬佩和信任的人能完成这些工作。这样，我就可以自由发挥自己的能力，一旦我偏离团队的战略方向，我相信团队里肯定有人能把我带回到既定的轨道。

我们都相信彼此都是对方的坚实后盾。这种信任使我们敢于尝试新方法，更好地发挥自己的创造力。未来几年，哪个董事会不需要这样做呢？

——阿莫迪罗公司执行总裁　克里斯·瑟林（Chris Thurling）

团队的坚实后盾

后端推进式领导者是重要性排在第三的领导角色。虽然也是一种领导角色，但它往往不受人们的重视。真正的后端推进并不是被动地服从命令。这是一个非常活跃的角色，其工作内容是确保每个人都承担相应的职责，确保团队工作不偏离既定的轨道。

当前端领导者掌握不到团队内部的工作进展时，就介入具体的工作细节；中端领导者只会关注团队的前进方向，只能了解身边团队成员的工作进展；而负责后端推进的领导者需要了解各种情况。他们需要了解整个团队，甚至整个企业的情况，还需要知道哪些工作进展顺利，哪些工作偏离了正轨，哪些人遇到了困难。因为他们了解所有情况，因此他们能够根据工作的完成情况，分析如何才能把团队拉回正轨，比如中端领导者应该如何重新安排协同工作，前端领导者如何调整工作重点和预期等。

一个组织的后端推进领导者的主要职能包括财务管理、人力资源管理和合规管理。负责跟踪项目交付、整理项目报告的项目办公室主任，也属于后端领导者。负责监控企业或团队所有工作进展的人员更是典型的后端领导者。这个角色不仅负有监控职责，还需要发现其他人发现不了的问题，并把相应的问题告知团队，确保每个人都能明白自己应该采取什么措施，才能保证团队工作不偏离正轨。

后端领导者需要确保团队每个人承担相应的职责，从而使前端领导者集中精力思考战略问题，确定团队的发展方向。如果前端领导者充分信任后端领导者，前者就无须介入由中端领导者负责的具体执行工作，从而更加专注于团队的战略问题。

谁是你的坚实后盾？谁能确保团队不偏离既定路线，从而使你能够更加放心大胆地带领团队前进？优秀的团队都具有优秀的前、后两端领导者，他们亲密合作，充当了团队的开辟者和断后者。

后端领导者的视野

当前端领导者全神贯注思考团队的目标和战略方向时，他们可能并不了解团队内部的工作进展。而后端领导者则有条件注意到所有事情。他们立足于团队大局，能够认识到团队应该做出什么样的调整，并与前端领导者讨论相关问题，从而保证所有人步调一致。

由于后端领导者能够立足团队大局，给出更客观的建议，因此团队其他成员往往会向他们寻求补充意见。后端领导者在执行这一职责的过程中，需要与前端领导者保持一致，只有这样，前端领导者才能清楚团队需要什么资源，团队的目标是什么，以及所有成员如何更好地融入团队之中。

为了实现团队目标，后端领导者必须确保每个人都清楚自己的职责。后端领导者还需要注意沟通的哪个环节出了问题，人们的哪些工作偏离了团队轨道，以及哪些目标无法实现。提前发现问题的苗头可以帮助前端领导者预防未来可能出现的问题。

只要团队中有人跟不上进度，或者遇到了困难，后端领导者就要注意到这些问题，并且提出相应的措施，帮助他们重回既定的轨道。在这种情况下，他们或许也需要中端领导者的支持，而中端领导者则可能需要后端领导者的支持。中端领导者由于个人原因，可能会暂停手上的工作，这时候其他人就必须跟进。有时候，人们需要调整工作重点，原始计划无法实现，因此，人们需要重新制定目标。后端领导者需要发现所有情况，并确保相应的措施得到执行，从而使团队方向不偏离轨道。

后端领导者是一个偏重事务型的领导角色，而且是战略型前端领导者的完美搭档。如果前后端领导者能够保持步调一致，那么整个团队就会更加明确各自的职责。

确保每个人各司其职

后端领导者的另一项责任是确保每个人各司其职。每个人是否做了自己承诺的事情？如果没有的话，他们需要如何调整？后端领导者有条件注意到所有问题，因此他们可以向团队或相关成员提供反馈信息，方便团队或个人进行调整。此外，后端领导者还需要向前端领导者提供反馈信息，以便其了解工作节奏是否太快，团队能否按时完成目标。

后端领导者能全面了解团队的意见分歧，而且必须在必要时通过讨论协调不同的观点，消除分歧，形成一致的目标。这样才能使团队团结一致向前看，而不是卡在中间执行环节，对某一个问题争论不休。

团队内部的问责机制能够确保每个人都知道各自的职责，并能向整个团队提供支持，以确保团队在既定的轨道上前进。后端领导者必须实现一种微妙的平衡，在责任归属方面既不能要求过于严苛，也不能太过消极被动，使责任人免除相应的责任。

问责机制要求后端领导者必须能够敏锐地判断出应该何时提出异议，以及何时提供支持。团队必须要把握好提出意见和表达支持之间的平衡。后端领导者既要有勇气，也要具备共情能力，当团队表现不佳时，应及时提出意见，厘清每个人的责任；而当团队成员无法单独履行责任时，应及时提供相应的支持。

激励作用

后端领导者的另一项职责是激发团队活力，本书的第三部分将会详细探讨这一主题。后端领导者要提醒每个人注意截止日期，确保团队成员按照进度和相应的要求完成各自的任务，后端领导者还必须知道何时需要停下来反思，或者何时需要给成员营造创新的环境。

如果团队缺乏工作动力，后端领导者就应该激励整个团队，点燃每个成员完成目标的热情，调动每个成员的积极性。反过来，如果团队热情太过高涨，过于急躁，后端领导者就必须提醒团队放缓工作节奏。

较大的工作压力容易使人们产生一种"时刻紧绷"的心态，这会加重人们的焦虑感，从而提前耗尽人的精力。为了防止这种现象出现，后端领导者需要随时注意团队的精神状态，及时发现哪些成员遇到了困难，哪些人还有多余的精力，进而决定是否进行调整，既要保持团队的积极性，又要避免提前耗尽团队的精力。

在很多人眼里，后端领导者的任务是激励团队，推进团队的各项工作。他们激发了团队的积极性，但有时又对团队要求太严。例如，财务部门会对团队施加压力，要求人们完成相应的财务目标；运营团队会严格要求销售部门完成销售任务，或要求生产部门按时交付产品。严苛的要求、过高的压力、繁重的工作任务会使团队内部形成高压气氛，让人不断产生怨言，因此，后端领导者很容易变得非常强横、霸道。但这不是有效的后端领导力的必然结果。

事实上，后端领导者必须懂得如何调整自己的工作方法，既要有共情能力，也要有关爱之心；既要有帮助团队实现目标的热情，也要有敏锐的观察力，能够判断何时需要进一步激励团队，何时需要倾听团队的心声，并针对不同的情况采用不同的方法。

对已经精疲力竭的团队持续施加压力，要求其完成不现实的目标，是后端领导者缺乏关键领导力的表现，同时也说明他缺乏对团队幸福感的认识，而本书第三部分将对后端领导者必须具备的这一关键品质展开探讨。

后端领导者的责任心

后端领导者必须重视团队成员，同时也要重视团队目标。实际上，他们往往能做到后面这一点，但同时又忽视前面一点，不知道如何处理团队关系。因此，这就要求后端领导者必须巧妙地把握好以下两方面的平衡。一方面，后端领导者必须懂得何时提出异议，调动团队的热情和积极性。另一方面，后端领导者必须明白何时需要缓和团队的紧张情绪，学会换位思考，为员工提供相应的支持，而且必须充分认识到，在目标无法实现的情况下，团队需要及时调整目标和执行措施。

因此，后端领导者必须重视团队关系和团队目标，妥善处理好效益和人际关系之间的矛盾，同时确保团队中的每个成员都能对这两个方面予以重视。

团队往往更看重团队目标，而忽视团队内部关系。这是团队内部关系紧张的一个常见原因。在这种情况下，由于领导者更加在意的是自己的个人意图而不是团队的共同意图，因此观点的分歧通常得不到解决。本书第五部分将会对意图因素展开详细探讨。

团队的坚实后盾

人们常常认为，后端领导者是团队前进的推动力。这种观点并不完全正确，我希望读者能够明白，履行好这一职责不仅需要极高的情商，还需要敏锐的观察力，领导者必须既要知道何时严格要求团队，提出异议，又要知道何时换位思考，向团队成员提供相应的支持。

当你知道团队中有人是你的坚实后盾时，就会更加轻松地参与团队合作。如果后端领导者能够尊重团队并赢得团队的尊重，他们就能成为团队的坚实后盾。当团队忙于具体工作时，往往会忽视一些问题，而作为团队坚实后盾的后端领导者则有条件发现这些问题，并提醒团队注意这些问题。

无论是问责机制、激励机制，还是责任心都必须留有余地，不能走向极端，从而耗尽团队的精力。后端领导者必须根据团队成员的个人特点、人际关系、具体情况以及不同的目标，不断调整这些因素。妥善处理团队成员和团队目标之间的关系是后端领导者工作的一个重点，同时也是团队协作和团队内部幸福感的必要条件。

03

步骤 2：激发团队活力

本部分将探讨激发团队活力的 3 个关键非语言因素。

关键问题及盲点

绝大多数团队都遭遇过以下问题，但是有时候团队可能没有意识到这些问题的存在。这些问题包括：

- 团队陷入焦虑状态，或在较大的压力下开展工作。
- 团队内部的观点不一致，导致士气低落，负面情绪滋生。
- 团队没有有效利用自身活力，将精力浪费在了"乏味区"或者"挫败感区"。

隐性互动因素

"激发团队活力"这一部分探讨的隐性互动因素包括：

- 幸福感。
- 态度和情绪。
- 对话。

预期成效

将本部分内容运用到管理实践中，团队将会有以下收获：

- 减轻压力，提高团队幸福感和生产效率。

- 及时了解团队情绪和态度等方面的信息，进而改善团队的精神状态。

- 提高团队的沟通质量，讨论和理解影响团队合作的隐性互动因素，改善团队内部关系。

第七章　提升团队幸福感

本章主要讨论调整工作节奏的必要性。

敢于承认自己的疲惫

曾经有个团队来参加我的项目。他们在此前的一年半时间里，一直在进行企业结构重组。他们的企业文化要求员工快速适应变化，但不断地调整和要求员工快速适应也带来了一些负面问题。团队刚刚抵达的时候，我就感受到一股从未感受过的强烈的疲倦气息。团队里所有人都散发着疲惫、倦怠的气息。

我的马队正在大门旁边的围场里。它们抬头看了看这群人，然后一个接一个卧在地上，闭上了眼睛。

其中一个人问道："它们是不是累了？"

我回答他："这个我倒不知道，你累不累呢？"

"我很累，"对方回答，"我真想躺下来好好休息一下。"

他们一个接一个地向我承认自己非常疲惫。由于公司文化要求他们必须具备极强的恢复力，而保持活力就等于压迫自己。但他们拒绝承认自己疲惫，因为在他们眼里，应付不了疲惫是一种耻辱。

就在他们承认自己很疲惫的同时，那些马站了起来。它们用自己的行动表明了自己的态度。这听起来好像很神奇，客户一来到这里，那些马就通过自己的行动反映出客户团队的精神状态。如果客户团队内部压力大，关系紧张，马儿就会到处跑动，四蹄跃起，或者后腿直立起来。一旦到来的客户团队非常安静，这群马就会静静地靠着大门站着，闭上眼睛。

疲惫能反映出一定的信息

在职场中，疲惫已经成为人们的常态。绝大多数人都在工作和家庭之间来回奔波，几乎没有时间关心自我。越来越繁重的工作，以及"时刻紧绷"的精神状态令人一直忙个不停，人们很少能够得到充足的休息。内外环境的飞速变化给人施加了越来越大的工作压力，不间断的忙碌也让很多人长期睡眠不足。

与此同时，很多企业内部形成了一种隐性期望，它们要求员工必须能够适应自己的工作量，能够不断调整自己，适应变化。一旦员工做不到这一点，就说明员工缺乏足够的恢复力和适应力。这种对恢复力的期望将工作不力的责任由雇主转移到员工身上，同时也引发了很多职场人的心理健康问题。

由于人们不愿如实说出自己可以接受的工作强度，因此这种强调恢复力的职场文化可能会造成极其严重的后果。2020 年，新冠肺炎疫情暴发后，每个人都承受着巨大的压力，每个人都以各自的方式应对这场疫情。团队中哪些人能够应对这场危机，哪些人无法应对？这个问题的答案出乎了领导者的意料。

工作节奏

企业必须快速调整才能在疫情中存活下来。面对危机，有时候我们必须迅速采取措施，所有人都必须快速行动起来。但这种响应方式从长期来看是不可持续的，有时候我们更需要全面、审慎地考虑问题。领导者应清楚自己团队所习惯的工作节奏。作为领导者，你是否会有意识地改变工作节奏？或者，超快的工作节奏是不是你潜意识中唯一的工作节奏？

每个人的工作节奏可能各不相同。而在一个人人都有各自工作节奏的团队里，领导者的工作极具挑战性。你应该时常思考，对领导者个人而言，团队的工作节奏是太快还是太慢？对其他成员而言呢？其他成员是很难跟得上团队节奏，还是渴望加快工作节奏？无论答案如何，领导者都需要寻找最理想的团队节奏，并且根据不同情况调整工作节奏。

如果你习惯于较快的工作节奏，你可能会想当然地认为每个人都能跟得上你的节奏。但事实可能并非如此，这时候，你就必须注意哪些人能跟得上节奏，哪些人跟不上节奏。不停地施加压力会过早消耗掉团队的能量。如果你是那种不完成任务不罢休的人，你就应该适当放缓工作节奏，这样其他成员就不会把工作当成一场比拼耐力的比赛，同时，你也不会过早耗尽自己的能量。

过快的工作节奏不利于创新，同时也剥夺了人们学习的时间。领导者必须认识到自己的工作节奏只是自己的习惯偏好，必须找到最适合团队的长期和短期工作节奏。人们在长期的工作中逐渐形成了特定的工作节奏，但往往不知道自己的节奏是否有益于团队合作。

如果你喜欢花些时间从不同的角度思考问题，那么，你可能会希望稳步开展工作。在很多情况下，你可能需要加快工作节奏，才能跟得上团队的节奏。有时，你可能希望团队能放缓脚步，让其他成员认真思考一下，确保没有遗漏任何问题。

如果你是这种类型的领导者，你应该给自己留有充分的思考空间，处理各种信息，同时也必须确保不会延误团队的工作进度。而对那些喜欢较快节奏的人来说，他们需要更多的空间才能更好地发挥自己的工作能力。这时候，领导者就不应该妨碍他们的工作，而是提醒他们适当放缓节奏，稍做调整，并且确保每个人（包括领导者自己）都有表达自己想法的自由。

在今天这个快节奏的职场环境下，人们都习惯性地追求快节奏，但实际上快节奏并非总是最合适的。最佳的工作节奏因人而异，因此处理团队的工作节奏相当棘手。另外，团队内部节奏不一致也会引起团队成员的误解，团队内部需要不断地调整工作节奏。当前的职场环境要求人们保持较快的节奏，因此领导者更加需要重视团队的工作节奏问题。团队领导者必须确保每个人步调一致，工作节奏必须适合整个团队，而不是仅适合少数人。

当然，对于节奏问题，没有对错之分。团队内部的氛围、活力、目标、任务的截止日期，以及个人风格都是影响最佳工作节奏的因素。你对团队和团队成员的工作节奏认识得越充分，对节奏问题的处理就越顺手，团队合作也就越高效。

连续快节奏地开展工作或许是团队的习惯工作方式，但这种方式让人们把所有任务都当成工作重点，会给人们造成沉重的工作压力。从长期来看，它是一种不可持续的、效率低下的工作方式。领导者必须经过充分考虑后再确定合适的工作节奏，并给自己留有调整的余地，以满足每个人的不同需要。

总之，领导者必须选择一个合适的工作节奏，使整个团队的步调保持一致，以促进团队协作。

应激行为

在充满不确定性和颠覆性变化的时代，人们在快节奏工作方式的影响下，承受着巨大的精神压力，容易产生抑郁、焦虑、恐惧、沮丧或者悲伤等情绪。压力会让人变得内向、易怒、固执，进而对团队凝聚力造成负面影响。巨大的工作压力会降低个人和团队的工作效率。这意味着，同一件事情，你需要更多的时间才能完成。仔细思考一下，巨大的工作压力迫使你拼命加快节奏，但节奏越快，完成工作的时间反而越长。在这种情况下，即使再牢固的工作关系也会产生裂痕，而意见分歧也得不到解决。

工作压力还会影响到人的身体和思维。很多人对自己施加过大的压力，甚至形成了一种习惯。他们不停地逼迫自己，最终身心俱疲，但他们意识不到自己的工作效率已经大不如前，也意识不到自己已经承受了太多的心理压力。

另外，压力会使人们对任何事情都不再关心，因此他们会变得内向，不愿说出自己的想法。他们会觉得跟别人争论费神费力，索性不如保持沉默。他们还会觉得做什么事都要付出很多精力，而且自己已经没什么精力了，因此他们不愿积极主动地参与团队工作。在他们看来，与其维持这种快节奏的工作方式，承受团队中的工作压力，不如干脆离开，于是他们就会选择离开这家企业。

有些人则会积极尝试通过锻炼、健康的饮食、冥想以及更充足的睡眠，减轻精神压力。这些方法有时候确实有效，但前提是人们的工作负担没那么重。否则这些方法不仅无效，而且会给人们带来额外的精神压力。原因有两个：一是人们相信自己"应该"能应付繁重的工作，二是原本的工作负担已经非常沉重了，自己又增加了一连串提升幸福感的"必做事项"。

如果工作负担或者工作节奏一直超出人们的承受范围，团队就不可能有高质量的工作表现。团队的一项任务就是管理整个团队的幸福感水平和压力水平。人们应时刻关注团队成员的精神状态，努力寻找减轻工作压力的方法。必要时，领导者应及时调整工作重点，把专注力和资源转移到新的工作重点上。领导者必须清楚采取什么措施才能降低企业内的工作压力，同时也必须认识到，持续的压力会耗尽人们的能量，阻碍人们发挥出最好的水平。

2017年1月，英国政府委托史蒂文森（Stevenson）和法默（Farmer）就职场心理健康问题开展了一项独立调查。调查的目的是分析雇主如何才能给予员工（包括那些心理状态不佳、缺乏幸福感的员工）更好的支持。同年10月，英国政府委托德勤（Deloitte）会计师事务所开展调查，以寻找支持《史蒂文森—法默报告》的现实证据。调查的内容主要是职场心理健康问题给雇主带来的损失，以及心理健康干预方面的支出能够带来的收益。这份报告表明，职场心理健康问题给雇主带来的损失在330亿—420亿英镑之间，这相当于英国 GDP 的2%左右。雇主在心理健康干预方面的平均投资收益比为1∶4。

团队要想长期保持较高的幸福感水平和绩效水平，就必须认真对待工作压力和工作负担的问题，这一点再怎么强调都不为过。团队不得不做出选择，要么重视团队成员的身心健康，要么看重工作重点和实际效益。绝大多数团队都更重视实际效益，忽视团队成员的身心健康。但是，现在到了必须平衡好这两者关系的时刻了。

恢复力也是有极限的

为了提高员工的幸福感，公司投入了巨额的资金。这是一个不断增长的行业，但是，由于员工大都超负荷工作，承受了过多的工作压力，因此绝大多数旨在提升幸福感的项目都没有多少实际效果。职场惯例和企业的领导力问题是造成工作压力的主要因素。《2019 年职场心理健康报告》（*Mental Health at Work 2019*）指出，"62% 的管理人员不得不将企业的利益凌驾于员工的幸福之上"。

因此，员工普遍感到疲惫不堪，这一点也就不足为奇了。恢复力也是有极限的，而领导者的领导方式是影响其极限的主要因素。如果领导者不对领导力和团队合作进行评估，而只是花费大量资金实施幸福感提升项目，那么，员工的压力水平不会有任何改变。

无论企业的初衷有多美好，恢复力培训都会让企业产生一种不现实的期望，企业希望员工在更高压的环境里投入更多的努力。这是一种不可持续或者不合理的做法。在危急关头或为了按时完成某项紧急任务时，企业可以在一段时间内、一定的条件下对员工施加一定的压力，但这并不是长久之计。

业绩突出的领导者和团队常常感到疲惫、焦虑，但是他们不愿承认这一点。原因是，为了保持自己的恢复力，他们学会了压制自己的疲惫感和焦虑感。在这个压制过程中，他们也逐渐失去了活力和热情。他们认为自己能够坚持下去，于是苦苦支撑着，但最终彻底累垮。工作压力不是突然形成的，它是长时间积累形成的。但为了团队效益，人们学会了压制自己的情绪，因此往往会突然感觉到工作压力的存在。

人们往往有一种误解，认为工作越努力，带来的结果就越好。硅谷的未来学家、商业顾问亚历克斯·索勇－金·庞（Alex Soojung-Kim Pang）驳斥了这种观点，他指出，"充足的休息能够积蓄能量，令人更加从容、高效，更加专注于主要问题而不是次要问题"。给员工留出恢复精力、减轻工作压力的时间，对于提高团队的长期绩效，是非常重要的一项手段。

事实上，工作时长更短、专注力更高的团队，往往更加高效。几年前，我的健康出了问题，我不得不把每天的工作时间缩短到 5 小时。之前，我几乎每天都工作 12 个小时，领导一个欧洲团队。于是，我很担心自己工作时间的减少会影响到团队的正常运转。

在我快履行完最后 3 个月的职责时，我的老板告诉我，无论是我还是团队的工作量和工作质量都没有任何改变。于是，我不得不调整了我和团队的工作重点，而且调整得非常合理。只要不是涉及企业重大利益的问题，我都把权力下放给了团队。之后，我的工作无比高效。我参与的会议只探讨重要问题，而且用时都很短。通过这件事，我学习到提高工作效率的诀窍。

要想提高团队的绩效，领导者必须处理好团队内部的压力水平的问题。人们感觉压力太大的原因并不是他们能力不足。这个问题的原因是多方面的，而且因人而异，但最常见的原因是：团队目标难以实现，工作任务太重，工作重点不断变化，以及内部分歧没有得到解决。领导者需要充分理解这一问题的根本原因，既体谅自己也体谅团队，努力解决实际问题。领导者必须牢记：第一，每个人都在努力完成自己的工作；第二，压力会对人的行为、工作效率产生影响，进而影响到团队的效益。

幸福感问题是影响领导力和团队合作的重要问题

世界经济论坛发布的《2019年全球风险报告》（*The Global Risks Report 2019*）将"思维和心理"风险列为2019年全球前五大风险之一。这篇报告明确指出，人们的共情能力在消退，而人们的愤怒情绪在不断增多。这篇报告还指出，人们普遍认为，精神压力与人们在面对不确定性问题时所产生的失控感密切相关。

这就是应激反应，一种难以持续的行为。不断变化的商业环境带来了很多不确定性问题，在这种情况下，团队的情绪健康问题显得尤为重要，成员之间需要互相支持才能共同应对工作压力。要做到这一点，领导者就需要适时调整工作重点，而不是把任何任务都当成自己的工作重点。

不断出现的新局面要求企业必须具备更强的适应能力。领导者必须不断审视企业和团队的战略方向，以应对企业层面的变化和新的市场环境。如果团队具有较强的使命感，那么团队成员就能感受到自己工作的意义，一定水平的压力能够赋予他们竞争优势。一定的压力不会打倒他们，反而能使他们发挥出最佳水平。激发团队活力是企业积蓄能量的第一个关键阶段，但也是最容易被忽视的一个环节。团队和企业必须遵照新的方法，来打造一支活力充沛的队伍，尽量减轻人们的压力，激发出团队更多的活力，促进每个人的茁壮成长。

领导者要与团队共同讨论如何应对变化的问题，赋予人们恢复能量、保持活力的空间。整个商业环境对职场幸福感的态度是非常明确的，企业不停地向员工施加压力，要求员工完成不可能完成的工作量和业绩目标，这样会引发人们的应激反应，进而影响工作效率。团队内部要进行公开的对话，讨论压力及其造成的影响，在讨论过程中，团队成员切忌互相指责。团队应采取措施，提高团队整体的幸福感水平。

幸福感是影响领导力、团队合作乃至整个企业的重要问题。如果每个员工都充满活力和热情，拥有较高水平的幸福感，整个商业世界将能解决更多问题。领导者必须将这个问题当成团队的首要问题来对待。

第八章　激发团队能量

本章主要探讨精神状态和情绪如何支撑人们的行动。

精神状态和情绪的影响

成为第一个接受祖德测试的客户，令我非常兴奋。测试前，我甚至想象了自己与凯莉第一次亲密接触的情景。以前我只是在远处怀着欣赏的心态观察过马，现在有了近距离接触马的机会，这令我满怀憧憬。我甚至幻想着自己能够和马建立深厚的感情纽带，骑着它奔驰在夕阳的余晖下。

但当我与这匹体型巨大的骏马一起走进马场时，我吓坏了。我非常希望能跟它建立联系，但是每当凯莉向后退的时候，我都非常害怕，然而这种情绪又会传染给凯莉。凯莉巨大的蹄子让我觉得它好像要把我踩在脚下一样。我越是想跟它亲近，就越是害怕、退缩。不断累积起来的情绪，让我哭个不停。最后，我退到了马场的边缘，非常泄气，之前的幻想全都破灭了。

"要不要再试一次？"祖德问我。我即使不去想象那些场景，也会很沮丧。祖德对她的这份新工作非常执着，她将自己的整个职业生涯都压在了这个领导力提升项目上。我希望自己能支持她的工作，而不是证明她的冒险是错的。

"暂时不试了，"我回答，"等我一分钟。"我感觉自己完全没了力气。但就在那一刻，一股压抑已久的能量释放了出来，我突然感到无比的平静。祖德教我把一只手放在凯莉的胸前，另一只手放在它的背上。"马的呼吸频率比人慢，所以你不可能跟它的呼吸频率完全一致。但是，你要倚靠着它，放慢自己的呼吸节奏，适应它的节奏。"

我紧张地慢慢贴近凯莉，伸出胳膊，触碰它。我感受到了它的心跳，它的呼吸，然后尽量放缓自己的呼吸，适应它的节奏。就这样，凯莉低下了头，把头贴住我的胸口。那一刻，我俩都感到异常轻松，我们之间建立起了一种联系。

这次经历让我学会了如何调动自己的能量建立信任关系。当天，凯莉一直跟着我在马场里到处溜达。我从中收获了宝贵的经验，并将这些经验运用到我的演讲工作中。我不需要时刻保持旺盛的精力，事实上，有时候释放自己的情绪，反而会让我更加高效。那次经历对我的影响非常深远。

——总经理　米歇尔·米尔斯－波特（Michelle Mills-Porter）

理解自己的情绪

面对未知的事物，米歇尔产生了存在性焦虑，这令她几乎立刻陷入一种茫然的状态。她给自己留出了一些自由空间来处理自己的情绪反应，最终她摆脱了那种状态，重新找回了自己的领导力。她通过直面自己的真实情绪，获取到了有用的信息。她没有压制自己的情绪，而是尝试理解这种隐性因素。她的真诚促进了我们的合作，也帮助她释放并摆脱了蓄积已久的压力。

在摆脱了压力之后，米歇尔利用自己冷静、自信的领导力品质来影响马儿。在这个过程中，她学会了如何运用自己的精神状态和情绪来影响工作和生活中遇到的其他人。

我经常要求客户在会议开始时用一个词来描述他们的情绪。有些人从来没有考虑过自己的情绪，也不会用语言形容自己的情绪，因此，他们很难想到这样的词语。身体上的反应是情绪的表现，因此我鼓励他们认真倾听自己身体的声音，注意自己身体的感受。例如，有些人焦虑的时候会感到胃部一阵痉挛，有些人则会感到胸闷。随时弄清楚自己的情绪状态，你就能够获取一些有价值的信息。

理解团队的情绪

万蒂公司的里娅·布拉格本（Ria Blagburn）分享了自己的经验。他们团队通过塑造团队文化，鼓励成员之间真诚、公开地分享自己的情绪状况，促进团队协作。里娅解释了他们团队的具体做法：

我们认识到，我们的感受和生活中发生的事情都会对工作产生影响。因此，每次开会的时候，首先就是简要地做个汇报。我们要求每个人都要说一说自己的感受，这样能够让每个人都感受到团队的关心。举个例子，如果一个刚有了孩子的员工告诉我们，刚出生的孩子让他整晚无法入睡，我们就会明白，他可能会比平时更疲惫，缺少创造力。我们也就知道了他疲倦的原因是整晚都没有睡觉。

这种做法能够令团队理解成员的感受，不会为成员暂时的表现不佳而感到沮丧，也能让成员之间更好地进行合作。这种做法使团队的人情味更加浓厚，也能鼓励人们直面自己的真实情绪。如果团队中有人深受心理问题的困扰，他就可以跟其他团队成员谈谈心。这样大家就能互相了解各自的精神状态，促进成员之间的互相理解，在团队中形成更加融洽的氛围。

当然，我们要权衡好这个问题和团队效益的关系，毕竟我们需要把工作做好，但至少我们努力尝试跟员工产生共鸣。当有新成员加入团队时，他们会对新环境感到陌生，但随着时间的推移，他们会逐渐把情绪当成自己行为模式的基础组成部分，他们会知道不必掩饰自己。最终，人们在团队合作中变得更加真诚、更有主动性。

团队成员往往会对同一个任务或同一个会议产生不同的情绪反应。有些人会对分析电子表格数据非常感兴趣，而对有些人而言，这项工作会令他们手足无措。有些人可能非常喜欢演讲，有些人则可能觉得口头演讲令自己非常紧张，还有一些人则由于做过太多的演讲而感到无聊。当人们发现自己对某一个任务的情绪反应跟其他人不一样的时候，往往会非常惊讶。他们可能从没想过每个人的情绪反应会有如此大的差异。

每个人的情绪都会受到外部事件或者人为因素的影响，同时也会受到个人偏好和经历的影响。另外，个人对非舒适区的态度也会影响到自己的情绪。有些人一旦走出自己的舒适区，或者当他们的职场环境变得很不稳定时，就很容易变得茫然。米歇尔一开始就遇到过这种情况。出现这种情况后，人们往往会否定这种茫然的情绪，尤其是当团队中只有一个人存在这种反应时，但充分认识这种情绪，能够确保人们的安全感。

团队领导者必须关注团队成员的不同情绪反应，这样才能做出有益于整个团队，而不是只有益于领导者个人的决策。有些人喜欢挑战，走出自己的舒适区不会令他们感到茫然，我在与这些人相处时，不会采用与米歇尔相同的相处方式。在团队合作中，正视自己的情绪反应对于做决策是非常重要的。

精神状态能反映出一些信息

人们的情绪状态影响着自己的精神状态。另外，人们的价值观、信念体系、个人经历等因素也会影响到个人的精神状态。每当客户走进马场时，马儿都能注意到他们的精神状态，并做出相应的反应。当然，客户完全不会注意到这些问题，但我能通过马儿的反应，立刻判断出客户团队的感受，包括他们的情绪和精神状态。

如果马儿走到马场的边缘，这说明该客户团队的情绪非常紧张。如果马儿主动靠近他们，则说明团队非常沉着，内部关系牢固，富有关爱之心。

这能够有效反映出客户的一些隐藏信息，而且这些信息也往往不同于他们所表达的问题。当你走入危险的街市时，你会产生一种不安全感，这说明你察觉到了这一区域的"能量状态"，这种意识能保护你的自身安全。同样，当你走进会议室时，你会立刻感受到人们的各种情绪，哪些人感到不耐烦或者焦虑，哪些人态度积极，哪些人情绪消沉。在虚拟的工作环境中，要做到这一点还是比较困难的。但是，如果你放慢节奏，仔细感受团队会议的"能量状态"，还是可以察觉人们的不同情绪状态的。

当然，人们在对团队的精神状态做出假设时，必须秉持谨慎的态度。人们有时需要检验团队的情绪状态。本书的第五部分将进一步探讨有关假设的问题。

精神状态往往是团队内部暗含的一种互动因素。事实上，团队的精神状态会对团队的表现产生持续的影响，而人们往往感受不到这种影响。如果团队能够充分认识每个人以及团队总体的精神状态，人们就能利用它进入"心流"状态。人们能感受到自己何时处于这种"心流"状态。在这种状态下，每个团队成员不需要言语交流，就能主动根据其他人的行动，清楚地知道团队在任何情况下的真正需要。

现实情况是，人们常常忽视这些有用的信息。因此，当人们感到困惑，或者没有把握的时候，就应该充分注意团队的精神状态，并思考如何调整团队的能量状态，以适应特定的局面。

不同的精神状态

人们往往用比较正面的词语来描述精神状态，如热情、兴奋、喜悦。当然，上述状态只是精神状态的某种类型，事实上，精神状态有不同的表现形式。充分认识自己和团队的精神状态，并懂得如何调整，是一项非常关键的能力，同时也是领导力组成中极具技巧性的一项能力。但是，很少有人教我们如何提高这项能力。

高昂的精神状态既能激励自己，也能感染他人。但持续保持这种状态也会令人感到疲惫不堪。团队的精神状态会对领导者领导团队的能力产生巨大影响。如果某个人与团队整体的步调不一致，就会干扰团队的顺畅运转。因此，领导者必须了解自己和他人的精神状态，这样，领导者才能做出相应的调整，使团队所有人的步调保持一致。

持续不断地保持高昂的工作热情是不现实的。有时候，某些团队成员会产生一些怨气，需要一定的空间进行调整；有时候，某些成员会感到异常疲倦，原因或许是整晚没有得到休息，或者连续几周都在高强度地工作。在这种情况下，向他们继续施加压力并不明智，也不会提升他们的精神状态。当某些人的精神状态比较低迷时，团队的其他成员需要给予他们更多的空间，主动帮助他们承担一定量的工作。个人和团队整体的精神状态反映了团队发挥中端领导力的方式，中端领导者需要对它们不断进行调整。

如果团队的精神状态不够高昂，领导者就需要思考它背后的原因。是因为连续几周的高强度工作，成员缺少休息，精力没有得到恢复吗？是因为工作内容缺乏吸引力吗？是因为团队没有参与感吗？还是因为所有人都厌倦了对同一个问题争论不休，而团队从来没有真正解决问题（往往也是很难表达出来的问题）呢？

领导者必须充分了解团队的实际情况，做出有利于整个团队的决定。如果每个人都很疲惫，领导者应该适时减轻一下人们的压力，使人们恢复能量。如果人们对工作内容缺乏兴趣，领导者就需要激发团队的热情，努力提高人们的参与感。

到底是让人们充分认识到工作本身的意义，还是让人们暂时休息一下？领导者可以结合前文探讨的不确定性区域，认真思考它对团队能量状态的影响。

释放隐藏的能量

人们无时无刻不在表现出自己的精神状态，并影响着自己的团队。因此，人们的精神状态并不是隐性的。领导者需要关注自身和团队的精神状态，根据团队的实际需要做出决策，以提高团队绩效。领导者也要时刻注意自己的精神状态，当自己的精神状态与团队不一致时，就需要及时做出调整。

人们的精神和情绪状态会影响行动，但是人们往往意识不到这一过程。领导者需要弄清楚精神和情绪对自己和他人造成的影响，并且利用这些信息指导自己的行动和决策。如果你自身产生了厌烦心理，就需要审视自己的这种情绪对他人造成的影响。如果你是唯一一个觉得会议无聊的人，你就需要对自己进行调整，否则会耽误团队的工作。

当然，如果所有人都对工作提不起任何兴趣，那么，这时候领导者就需要做出整体的调整。我们都有过这样的经历：大家无聊地坐在会议室里开会，什么问题也解决不了。如果每个人都对会议内容没有兴趣，那么领导者就应该让每个人发表自己的看法。常见的情形是，所有人无聊地坐在会议室里，将责任归咎于其他人，或者归咎于会议本身，好像会议本身有错似的。如果领导者觉得会议无聊的话，就需要适时做出调整，努力改善团队的精神和情绪状态。

领导者还应该根据当前工作的特点以及团队的能力，妥善处理好团队精神状态和工作节奏之间的关系。过度高昂的精神状态和高涨的工作热情容易提前耗尽团队的精力，也并不适合需要人们静下心来冷静思考的工作场合。当团队中出现不同意见后，人们需要弄清楚分歧的源头，以更加从容的心态消除严重分歧。

　　严重的分歧并不一定是错的，因为分歧本身也能给团队带来活力，但重要的是人们建设性地消除分歧，而不是互相责难。我们将在后续章节重点讨论这个问题，进一步探讨如何通过沟通消除团队内部的隐性互动因素。

第九章　提高沟通效率

本章主要探讨如何将非语言互动转化为有效的沟通。

争执所反映的问题

约翰（John，化名）领着凯莉绕马场行进。他用力地拉着缰绳，手握缰绳的位置离凯莉的面部只有1英尺 [1] 左右。凯莉用头顶了一下他的肩膀，而他也用胳膊碰了一下凯莉的面部，然后凯莉又顶了他一下。奇怪的是，凯莉居然愿意跟着他前进，但在他们绕着马场前进的过程中，双方一直在不停地较量。

凯莉不停地用头顶约翰，约翰每次都会还手。他们之间的气氛越来越紧张，在推搡中，双方用的力量也越来越大。看到这个情况，我有点不舒服，于是决定干预一下。在双方缠斗的过程中，凯莉逐渐占据上风，而我不希望约翰被凯莉顶翻。

---

[1] 1英尺约等于0.3米。——编者注

但我还是克制住了，没有叫停他们，因为我相信凯莉不会伤害任何人。如果有人硬去拉拽凯莉的缰绳，凯莉往往会一动不动。而这一次，我发现它在表明一个立场。整个团队都站在一旁看着我，我能感受到他们的沮丧。

约翰和凯莉回到我们中间的时候，我问他："到底是怎么回事？"

约翰回答："没什么呀，我完成任务了。"这时候，凯莉用头用力地顶了他一下。

我说："你觉得它也这么认为吗？"

"它也完成任务了，不是吗？"

"你觉得它乐在其中，是吗？"我问道。

"总之，它肯定完成任务了。"约翰回答。

于是，我要求团队描述一下自己看到的事情，并要求他们不要带有任何主观评价。

"我看到凯莉用头顶了你，然后你推了回去。我还看到，你们两个一路上一直在推来推去。"约翰很惊讶，说道："有这回事？我没注意。"团队里有个人对他说："这是你的习惯，约翰。每当我们告诉你一件事的时候，你总是不承认。"

接下来，约翰一直很安静。他陷入了深刻的反思，因为当天的经历给了他一个深刻的教训。我没有继续给他施加压力，而是让他好好反思一下。

中午吃饭的时候，约翰对团队说："你们一直说我听不进别人的话，而我总是不承认，现在我知道原因了。我没有注意凯莉的反应，也没有注意团队的声音，我真的很抱歉。我要改变这个习惯。"

约翰切身感受到了不听取别人意见造成的影响，他也终于明白了自己跟团队关系紧张的原因。他决定做出一些改变。

3 个月后，约翰及其团队告诉我，他开始听取别人的意见了，而人们先前对他的那种情绪也一扫而光，也不再对他进行指责。改变团队成员的行为习惯需要团队的共同努力。如果团队内部不再互相指责，而是在尊重和沟通的基础上，提出自己的意见，成员之间互相支持，就能帮助个人改变根深蒂固的行为习惯。这就是沟通的力量。

非语言反馈信息

所有的反馈都是有用的信息，它能指导我们做出调整。约翰与凯莉之间的摩擦就是一种非语言交流。他们的想法不同，也都想坚持自己的立场。一旦约翰学会了感受他与凯莉之间的争执，他就能够理解这个问题，并且能够更加轻松地处理未来遇到的非语言反馈信息。

最有用的反馈信息有时候是通过非语言的形式表现出来的。我们每时每刻都在释放和接收非语言形式的细微反馈。眨眼睛，用眼睛扫视一下，在座位上挪一挪身体，或者由于感兴趣而身体向前倾，以及人们的精神和情绪，都是反馈信息。

非语言反馈能够反映出一些额外的信息，引导人们做出调整。如果人们在座位上挪动身体，这说明他在表达某种态度。或许他是感到无聊，或许他想提出自己的观点，或许是不同意发言者的观点，希望表达自己的观点。人们做出这一举动的原因很多，但这些原因都表明领导者应该做出一些调整。到底需要什么样的调整呢？领导者需要了解他们的需要和想法，而不是忽视这种反馈。

通过深入理解自己的感受、感觉和想法，就能够借助这些信息弄清楚自己下一步应该说什么、做什么。领导者应该把那些非语言反馈信息用语言的形式表达出来，提高团队内部沟通的透明度。语言沟通可以暴露那些非语言行为背后的隐性互动因素，确保团队中的每个人都能互相理解。这能够消除人们的不满情绪和误解，帮助团队保持步调一致。

非语言反馈信息也可能会让人们产生误解。你有没有过这样的经历：开会的时候，你发现有人在座位上挪了挪身体，但你不确定对方到底是不同意你的观点，还是想插话。非语言交流中充斥的各种假设和猜测，我们将在第五部分进一步探讨。当你感受到或者看到某个问题时，你的身体会做出一定的反应，这时候你需要注意到自己身体的直觉。身体的直觉是响应个人精神状态的结果，它能够引导你做出相应的调整。

你可以利用非语言信息引导自己，同样地，他人也能利用你的非语言反馈信息。你的精神状态、一举一动都能反映出你的感受。其他人也可以利用他们从你身上获取的信息，在语言和行动上做出调整。

人们每时每刻都在进行非语言形式的沟通，大部分都是在潜意识下进行的。人们往往觉得自己把一些问题藏在了心里，但是，一旦你注意到这些非语言沟通，就能深入了解他们的真实想法。关注自己的精神状态、情绪状态以及身体直觉，你就能够将自己的感受清楚地表达出来，从而进行更加明确的沟通，促进团队内部的互相理解，改善团队内部关系。

如果你对某个决定不满意，一定要把自己的想法表达出来。不要当场保持沉默，事后再抱怨。人们应该将自己对问题的感受明确地表达出来，并尝试理解情绪所反映的认知信息。你可能必须服从某一个团队的决策，但通过说出自己对这一决策的感受，你能够为其他人留出一定的思考空间，使他们理解你的立场，从不同的角度思考这个问题。

利用情绪引导沟通

当你感到沮丧时，你是如何知道自己的感受的？此时你身体的直觉反应是什么？或许你会感到胃部有些不舒服，或许你会感到胸部不适。在这种情况下，你不应该忽略或者忽视自己的身体反应，而是应该探究产生这种反应的原因。你或许会认为自己可以隐藏沮丧，但实际上，他人和你一样都能察觉到你的情绪反应。

沮丧（无论是对自己还是对他人）是一种信息反馈，它能反映出某些影响团队顺畅运转的问题。可能是某个人没有按照你的要求做事，又或者是你与其他团队成员步调不一致。仅仅是感受到对他人的沮丧情绪不可能帮助你解决问题，反而有可能破坏人际关系。

相反，你应该寻找自己沮丧的原因，从而发现哪些地方需要调整。是对方没有得到你足够的支持？还是你的目标脱离了实际？如果事实确实如此，你就应该与对方展开沟通。

我们往往比较清楚自己不想要的东西，但是又不明确自己真正想要的东西。下面的方法可以把自己的非语言反馈转化为语言沟通，帮助你改善团队关系，表达出自己的需求。这个方法的前三步属于探究自我的过程，第四步是表达诉求的过程。例如，如果你发现某个人开会时偏离了主题，你感到非常气愤，那么你可以遵循以下步骤：

第一步，探究自我：我有什么样的感受？

我感到很沮丧。

第二步，探究自我：我对什么感到沮丧？

某个人在开会时偏离了主题，这令我非常气愤，因为这样会拖延会议进程，或者解决不了任何问题。

注意：这时候，人们往往会倾向于责怪对方发言太多。但正确的做法是，坚持事实，不要进行主观评判。

第三步，探究自我：我想要的或者我希望的是什么？

我希望我们的会议不要偏离主题。

我希望大家关注那些必须讨论的重要问题。

我还有很多工作要完成，我不喜欢冗长的会议。

第四步，表达诉求：我的要求是什么？

我知道这个问题很重要，所以我们要解决它。但是，我希望确保我们能有时间讨论完会议议程上的所有问题。我们能不能把这个问题搁置一下，然后再利用其他时间开会讨论？

听完这番话，往往所有人都会长舒一口气，因为你说出了其他人想说的话。通过这个方法，人们可以利用自己的情绪反映的信息，引导自己展开诚恳的对话，而不是把自己的情绪带入到谈话中。你可以用这个方法表达清楚自己和其他人的需要或需求是什么，然后表明自己的要求是什么。整个过程，你不需要指责或者批判对方，而是承认对方提出的问题也很重要，但你必须确保人们不要偏离本次会议的重点。

这个方法也让接收到这一反馈的人能够独立做出决定，而不会担心自己的错误会招致其他人的指责。如果你能够确保自己给出的反馈不带有任何指责或责怪的意味，那么，团队就能共同合作解决问题，而不是单纯期望靠某个人的调整解决问题。

人们会对过多的讨论感到气愤，但仅仅气愤不会产生什么效果。相比之下，以上方法更加有效。利用这个方法，你可以把非语言互动转化为语言沟通，进行更有意义、更能促进团队协作的沟通，同时还能在互相理解的基础上改善团队关系。

如果他人对你的反馈带有很多情绪因素，你就应该思考一下，对方需要获得什么？他的哪些诉求没有表达出来？如果你没有意识到他的需求，会有什么样的影响？他对你有什么样的要求？你可以反向思考前文所述的步骤，从而理解对方的需求是什么，或者大家一起努力弄清楚对方的真正需求，而不是主观猜测。

人们不应该被他人的情绪左右，也不应该把他人的反馈当作针对你的情绪发泄，认为那只不过代表了他个人的意见。"尽管并不是所有的个人反馈都正确，但我相信所有的个人反馈都和问题有密切关系。"无论这些反馈是积极的还是消极的，人们都应该虚心听取。而无论你是否认可它们，它们都或多或少反映了一些事实。哪怕其中仅有2%的内容是正确的，你也应该虚心学习和听取它们。

领导者应该利用情绪所反映的信息，引导自己做出决策，采取相应的措施。通过这种方法，领导者就可以避免团队关系的恶化，防止没有处理好的情绪问题累积起来。

对他人的工作表示赞赏

人们更愿意告诉别人自己不希望或不喜欢的事情。事实上，人们更应该花些时间，告诉别人自己欣赏他们的地方。这会巩固团队的人际关系，同时表明你认可他们。

德勤会计师事务所曾发布过一篇报告，标题为《"谢谢"的魔力》（*The Practical Magic of "Thank You"*）。这篇报告强调了表达感谢的重要意义。它指出，以合适的方式向员工表达自己的感谢，能够提高他们的主动性：

以人们喜欢的方式认可他们为团队以及为企业做出的独特贡献，能够提高他们的主动性和归属感。这种做法还能改善职场环境，让整个世界变得更美好。

有些人喜欢得到公开的认可，有些人则喜欢私下的感谢，比如一封表达感谢的电子邮件。领导者应该弄清楚哪种方式更能激励自己的团队成员。

领导者不仅要对人们所做的事情表达感谢，还要告诉他们自己欣赏他们的哪些方面。告诉对方你欣赏他们哪些方面，能够使对方明白你对他们的重视，从而激励他们为团队做出更多贡献。比如说一句"谢谢你帮我完成了那个业务陈述。我很感谢你对细节的重视。"

另外，领导者在对人们所做的事情表达感谢时，还要指出他们对你个人的影响，例如"感谢你抽时间解决了这个问题。你的工作令我非常放心，我相信，就算我们意见不一致，我们也能顺利开展合作。"而在企业高管级别的群体中，人们往往觉得认可是不言而喻的。但实际上，获得认可是人类的一项基本需求，因此再高级别的管理者也渴望得到认可。表达认可也是暴露非语言因素的一个方面，同时也是加强团队关系的一个手段。

人们往往抱有一种自谦的心态，不好意思接受别人对自己积极的评价。这种谦虚并非发自内心，产生这种心态的原因是人们对别人的夸奖感到难为情。如果你不接受这些积极的评价，事实上也是在否定评价者的意见，同时表明你对他们的意见缺乏尊重，从而制造隔阂。

感谢他人以及接受他人的感谢，能够加强团队关系，使团队成员互相认可、互相激励，共同面对工作压力。表达认可能够使成员之间互相信任、互相尊重，加深团队成员之间的关系。

进行更具包容性的沟通

人们不可能一直对所有问题意见一致，因此，团队合作中出现不同意见是很正常、很自然的。

如何提高沟通的质量，让每个人都有机会表达自己的观点，同时又能感受到别人听取并理解了自己的意见？

如何为开放型沟通（即人们抛出不同的观点，而不计较观点的对错）创造更多自由思考的空间？

如何进行探索性和合作性沟通，并充分考虑每一种意见？

如何摒除个人偏见，听取别人对你提出的诉求？

沟通是团队合作中的难题。正是因为沟通难度大，因此人们往往不愿沟通，或者直接告诉对方"我就是对的，你就是错的"。人们应该开展对话，理解和听取每个人的意见。

有些人喜欢发言。有些人思维敏捷，能够快速将问题的要点联系起来，提出团队所需要的解决方案。有些人则喜欢深思熟虑，如果给予他们足够的时间思考问题，他们就能更加清晰、深入地理解问题。喜欢深思熟虑的人往往给人一种"安静"的假象。领导者应该鼓励这些人参与沟通，并给予他们思考的空间，认真听取他们的意见，尤其是在团队内部出现分歧的时候。喜欢深思熟虑的人往往需要在会议或沟通前获得相关的信息，这样他们就能有时间消化这些信息，并提前做好准备。在沟通中，团队应该讨论哪种方法最有效，努力满足每个成员的要求。团队讨论不能盲目追求共识，也不能期望所有人都服从团队的共识。

少数派发声的机会比较少，这是因为沟通往往是多数派主导的。发表自己的意见和自己的意见被听取是两件不同的事情。领导者不仅要为人们发表意见、表达自己的感受留有足够的空间，还应该重视他们的意见和感受，而不是忽略它们。有人可能会表示自己的意见没有受到重视，这时候，即便你不同意他们的意见，也不能忽视它们。他们的感受也是正当的。团队应该利用这个机会，展开更具包容性的沟通。在沟通中，认真听取每一个人的意见。

米歇尔·奥巴马（Michelle Obama）曾说过："让我们一起加入

进来，只有这样，生活中的恐惧才会越来少，我们做出错误设想的可能性才会越来越小；让我们摒弃生活中那些将我们隔离的偏见和刻板印象，这样一来，或许我们就能更好地欣赏彼此的共同点。"

沟通是一个双向的过程，因此你必须听取和理解他人的意见，这样才能充分考虑每个人的需求。不要假装倾听别人的发言，实际上只是在等别人说完，然后自己发言。对话和沟通要求人们必须完全理解对方的意见。如果有人没有机会表达意见，或者自己的观点没有受到重视，长此以往，他们就会越来越沮丧，与团队离心离德，甚至成为团队的绊脚石。这个后果往往是在不知不觉中产生的，而沟通则是避免这一问题的有效方法。

内外环境的快速变化使得团队没有条件进行沟通，因此人们没有机会表达自己的意见，争论也往往得不到解决。这些分歧会在团队内部制造隔阂，变得越来越难以消除。因此，领导者需要为团队讨论创造空间，组织团队共同讨论那些与团队成员息息相关的重要问题，虽然这些问题不一定与领导者的目标有直接关系。

2015 年，麦肯锡公司发布了一篇报告，名为 *Why Diversity Matters*（《多样性的重要意义》）。这份报告指出，"在种族和民族多样性方面排名前25％的公司，其财务收益要比各自行业的中位数高出35％。而在性别多样性方面排名前25％的公司，其财务收益要比国内各自行业的中位数高出15％。"。长久以来，提倡多样性的理由既得到了人们的理解，同时也被不少人误解。

包容性沟通会让很多人感到不舒服，因此，人们往往会避免这样的对话。但是，逃避对话会产生很多隐性问题，影响企业运转。所以，我鼓励人们走出自己的舒适区，保持求知欲，为开展包容性对话创造安全的条件，促进互相理解，筑牢团队关系。这样的对话会为人们今后的沟通定下基调，夯实信任和尊重的基础，方便人们解决意见分歧。相较于已经表达出来的意见，那些没有说出口的话对团队的影响更巨大。

对话可以暴露团队内部的隐性互动因素。领导者可以结合"步骤1：明确组织模式"的内容，利用对话，增强团队的协同效应。此外，领导者还应关注自身和团队成员的精神和情绪状态，并理解它们所反映的信息，指导自己做出决策。对话和沟通是人们深刻理解团队内部关系和团队共同行动的基础。在第四部分，我们将通过三章内容重点探讨其他有助于增进团队互相理解的认识层面。

04

步骤 3：增进互相理解

本部分将探讨3个认识层面，帮助人们优化决策过程，更好地应对不确定性。

关键问题及盲点

绝大多数团队都遇到过以下问题，但是有时候团队可能没有意识到这些问题的存在。这些问题包括：

• 在不确定的局面下，团队的心理负担感越来越重，观点对立越来越严重。

• 团队成员在不知不觉中互相影响，这些影响既有积极的，也有消极的。

• 团队可能不会注意非语言信息，或者不会利用这些信息引导决策过程。

隐性互动因素

"增进互相理解"这一部分探讨的隐性互动因素包括：

• 自我认识。

• 关系认识。

• 系统认识。

预期成效

将本部分内容运用到管理实践中，团队将会有以下收获：

- 更好地发挥团队的力量，并有效缓和观点对立。

- 加深自我认识，充分理解非语言行为的影响。

- 更加自信、人性化地应对颠覆性变化带来的不确定性。

第十章　加深自我认识

> 本章将探讨如何更好地理解自我认识对团队的影响。

个人的影响

大卫（David，化名）非常关心自己的团队。为了帮助团队，他把团队成员带到了我的研修班。他觉得自己的团队不够果断。作为一名身高超过6英尺4英寸❶的退役橄榄球运动员，大卫精力充沛，威严而又强势。他提前向我介绍了团队的情况，在这个过程中，我也看到了他温柔、富有爱心的一面，这或许正是我努力寻找的结果。与他的会面令我非常愉快。我也曾经在一家充满阳刚之气的科技公司工作过，因此我在他面前感觉非常自在，我们相处得非常融洽。

当他和团队来到马场，与马儿接触的时候，我发现他的团队能

---

❶　1英寸约等于0.03米。文中6英尺4英寸约合1.93米。——编者注

力很强。他们先是与马儿建立起了深厚的关系，然后温柔地带着马儿与他们一起前进，马儿也非常配合。但是，当大卫带着一匹没有系缰绳的马进入马场的时候，这匹名叫蒂芬（Tiffin）的马摆脱了控制，围着马场跑了起来。造成这种情况的原因是，大卫往常的那种强势的气场把蒂芬吓坏了。于是我要求大卫安静地站在中间，让马安静下来。

大卫刚停下来，蒂芬马上就安静了下来，慢步走起来。但它对大卫还是没有把握，不愿靠近他。大卫要求蒂芬与自己保持一段距离，一同绕着马场走。他们两个开始慢慢建立起了信任关系。

大卫从马场回来的时候，对大家说："我不知道刚才为什么会那样。"

大卫的同事回答："每个人第一次见到你时，都是这个样子。"

每个人都深深地吸了一口气，然后后退了一步。大卫感到非常震惊。这并不是大卫希望看到的，但是他的强势使得人们对他敬而远之，人们不愿受他摆布。他的强势让人害怕，团队不敢违背他的意愿。但大卫对此完全不知情。

他意识到自己太过强势，于是开始留意自己跟他人相处的方式，也开始注意自己对他人的影响。几个月后，他回复我说，自己的团队参与感越来越高，团队成员也越来越愿意跟他坦诚对话。

理解自我

在步骤2中，我们探讨了如何通过有效的沟通，帮助我们认识和理解团队内部的非语言互动因素。在步骤3中，我们将继续深入探讨这个问题，通过分析认识的3个层面，暴露出隐藏的信息，从而指导人们的决策过程。本部分的第一个问题是如何加深自我认识，从而理解自己在任何时刻对他人的影响，以及如何看待自己的影响。

自我认识能力是领导者和团队必须具备的一项关键能力。你对团队内部关系以及整个团队的影响决定了你与团队成员共事、合作的方式，进而决定了最终的合作成效。自我认识能力能够帮助人们对自己的工作内容和工作方法不断做出调整，通过这些调整人们可以了解自己应该如何在团队中工作。

团队可以利用步骤1中介绍的3种组织模式优化团队协作，在这个过程中，自我认识能够起到非常重要的作用。如果团队内部关系融洽、和谐，人们就能把注意力集中在自己的工作上。但如果团队成员之间的关系，或者总体关系不融洽、不和谐，那么，我会建议你采用另外一种不同的方法。而这就要求人们必须具备自我认识能力。人们对自己的认识对他人的影响不亚于人们的行为带来的影响。"只有充分认识自己所要采取的方法，人们才能利用它指导自己的行动"。

利用自己的优势

认识自己的优势能够帮助人们跨越障碍。例如，如果人际关系是你的优势，当团队内部产生矛盾时，你可以利用自己的这个优势处理矛盾。通常来说，有良好人际关系的人不愿与他人产生争执，因为他们希望维系和睦的关系。这时候，你应该以和睦为目的，利用自己优势，与对方共同努力，解决双方的争端。人们应该在困难还不显著的时候，充分考虑自己的优势，并利用自己的优势解决问题。

领导者应该认真考虑，前文涉及的 3 种组织模式中自己更加擅长哪一个，你更适合前端、中端还是后端领导模式？其他成员更适合哪种模式？假设你和一名同事都擅长前端领导模式，现在你们两个一起会见客户，你会发现你们两个都希望自己主导谈话，两个人都希望担任前端领导者角色，都不愿意承担中端和后端领导者的职责，这样客户就无法融入会议中。因此，人们不应该总是选择自己最擅长的角色，而是应该根据具体的情况，选择最合适的角色。

充分认识自己的优势，并懂得如何利用自己的优势，能够方便人们调整自己的角色，以适应不同的工作方法，帮助团队、客户、供应商以及任何跟你对接的人发挥出最佳水平。只有充分认识自身和团队的优势，你才能弄清楚自己哪方面做得出色，哪方面偏离了团队目标，哪些方法能促进团队协作，最终发挥集体的优势。

人们往往会抱怨团队在某些情况下的运作方式，他们可能会指责其他人。具备自我认识能力的人能够充分认识到自己和团队所采取的行动。利用这项能力，人们能对自己的行动做出必要的调整。这就要求领导者和团队凝聚在一起，共同解决意见分歧。团队应真诚地开展讨论，讨论哪些方法有效，哪些方法无效，而不是互相指责、互相怪罪。

意图实现的影响和意图之外的影响

自我认识能力不仅要求人们清楚自己擅长的工作内容和工作方法，还要求人们必须清楚自己对他人的影响。

比如，当你步入会议室时，你会对团队产生什么影响？

你如何知道这种影响？

你可能更清楚他人对自己的影响，但不太清楚自己对他人的影响。无论是线上会议还是线下会议，你都会对他人产生影响，下次你可以留意一下，自己会产生什么样的影响。

你的责任是保证每个人都各司其职（后端领导者角色）？还是

负责活跃气氛，舒缓一下工作压力（改变团队的精神状态）？你负责时刻提醒所有人团队的前进方向（前端领导者角色）？还是负责调动团队成员的发言积极性，确保团队重视他们的意见（中端领导者角色）？又或者你是那种深思熟虑、从来都不会遗漏任何事项的人？

每个人都会对其他人造成一定的影响，这种影响有时是有意的，有时则是无意的。绝大多数领导者和团队都不太清楚自己所造成的影响。虽然你本人不清楚自己的影响，但他人可以明显感受到这种影响。而一旦你弄清楚自己的影响，你就可以调整它，利用它达到自己所期望的效果。

举个例子，如果开会的时候，团队遇到了棘手的问题，人们觉得工作压力太大，你或许希望调节一下大家的情绪。这时候，你可以讲个笑话，调整一下大家的心情。但是，如果时机不对，团队或许会觉得会议不严肃，甚至为你的不稳重而感到不满。这就是你意图之外的影响。你原本想让团队放松一下，但实际上大家觉得你做事轻浮，而这与你的意图完全相反。我们将在第五部分进一步探讨意图的问题。

人们应该注意自己在什么情况下会给团队情绪或者对团队效益产生积极影响和消极影响。"如果不认真思考，我们就完全注意不到自己的影响，从而导致更多意图之外的后果，这产生不了任何效果。"

在团队内部，与团队观点不一致的人往往会被视为团队的绊脚石。这时候，领导者需要考虑如何呈现不同的观点，确保团队不会把异见者当作团队的绊脚石。每个人坚持观点的方式各不相同，怎样才能既坚持自己的意见，同时又对团队产生积极影响呢？

领导者往往会高估自己。当团队遇到问题时，人们往往会觉得自己做得还算不错。人们会想当然地认为自己的工作没有任何问题，同时把责任推到其他人头上。每当团队步调不一致时，人们总是喜欢归咎于他人，希望他人做出调整。

事实上，人们应该从自己入手，充分考虑自己对团队的影响，想清楚自己应该做什么、采用什么方法，这样才能促进团队协作。团队中的每个人都在不断进步，无论是领导者的领导方式，还是他们与团队的互动方式都有改善的空间。

具身自我认识

艾伦·福格尔（Alan Fogel）认为，自我认识指的是"个人进行分类、计划、论证、判断和评价的思维过程"。而大多数人对自我认识的理解都停留在概念上。关注自己的优势和影响就属于这个概念。

人们往往不喜欢谈论自己的直观感受，但是直观感受是人类最重要的反馈机制的一部分。福格尔将具身自我认识定义为"个人排除评判性思维的调节性影响，关注自我，实时关注自身感觉、情绪和身体反应的能力"。具身自我认识是人类能够生存下来的关键能力。只有充分认识自己的直观感受，人们才能预防和减轻痛苦，无须思考就能够避开障碍物并管理自身的身体和精神健康。

在发达国家，人们从小就养成了重视认知加工和逻辑推理的习惯，同时也学会了如何压制自己的感觉和情绪。在员工精神越来越紧张的职场，这种倾向更为严重。人们觉得这种倾向非常正常，甚至不会意识到自己的这种紧张反应。

对直观感受的充分认识能使人们了解人际关系和团队情绪方面的微妙变化。工作压力能使人的身体紧张起来。而身体的直观感觉会对个人表现产生影响，进而对团队产生影响。过度紧张的网球运动员往往会输掉比赛，原因并不是他们不具有发球直接得分的能力，而是因为在身体紧张、情绪沮丧的情况下，他们无法发球直接得分。

如果你觉得某件事很难解决，可以考虑一下其他思路，或者寻求他人的帮助。通过这种方式，你可以营造一种轻松的合作氛围。这是自我控制的过程，也是不断学习和丰富自己的过程。

无论我们如何看待人际交往和团队合作，我们总会把他人当作具体的个体对待，而不是把他们当作物体、机器或者承载思维的有形载体来对待。身体是我们理解自身经历的一个重要途径。它负责向我们传递视觉、听觉和触觉信息，不仅如此，我们还可以借助它获取直观感受信息。这些重要信息反映了我们对外界环境的情绪响应，但我们往往会忽视这类信息。

一旦你开始重视身体的这些反馈，就能通过身体的紧张反应，引导自己做出相应的调整。有时候，这些反馈能够表明团队内部存在一些隐性障碍，能够提醒人们通过沟通暴露这些隐性因素。有时候，它们能够提醒你关注团队协作中出现的问题，提醒你重点关注某个具体的"企业组织模式"。

人们往往会忽视身体的紧张反应。从现在开始，你应该重视自己身体的这种反应，利用它获取重要信息，指导自己对团队合作做出调整。如果你感受到了身体的紧张反应，那么团队的其他成员也会有这样的反应。具身自我认识能够帮助你促进团队协作，改善团队关系，营造和谐的团队氛围。

人们为什么会犹豫不决

如果人们在团队中感到非常自信，同时团队内部互相信任，他们就能充分发挥自己的能力。要想在团队内部建立信任关系，人们必须坦诚地表达自己的想法和感受，客观地讲出自己的需求。这样才能切身感受到信任带来的力量。

相反，如果你对自己或他人缺乏信心或者缺乏信任感，你就会犹豫不决。变化会造就不确定性，容易让人怀疑自我。一旦团队内部的分歧没有得到解决，人们会没有根据地做出一些假设，从而加剧自我怀疑。这会破坏彼此的信任感，使人们更加犹豫不决。沟通是至关重要的，因为它能帮助团队成员充满自信地解决意见分歧。

在不确定的局面下，团队很容易出现观点对立。这是因为在信息不够充分的情况下，每个人都在努力明确当前的问题。在这个过程中，我们会根据自己的价值观、信念体系、态度和个人经历做出判断。由于每个人的个人经历不同，因此每个人对完成任务的方法有着不同的看法。举个例子，通过媒体可以发现，人们对政府和组织应对危机的方式有着完全不同的看法。这表明，每个人观点各不相同。

人们渴望跟与自己观点一致的人进行合作，也愿意花时间与他们共事。但是，我们更应该学会如何与自己观点不一致的人一起共事，这样才能使所有人都能融入团队，参与团队合作。这一点对团队来说是非常关键的。领导者应该展开坦诚的对话，放下自己对其他成员的消极假设，也不要担心自己的这些努力会招致指责或者非议。

情绪力

情绪是人们对压力的正常反应。自我认识能力会帮助人们管理自己的情绪，并帮助人们在团队互动中充分利用情绪所反映的信息，尤其是在工作压力较大的情况下。

在德勤会计事务所发布的一份报告中，作者芬齐（Finzi）、利普顿（Lipton）、卢（Lu）和弗思（Firth）认为，情绪力是"人们在决策时灵活审视自己想法和情绪反应，以便从中获取信息为决策提供参考的能力"。

他们认为，在不确定的情况下，情绪反应对于有效决策有着重要的作用，它能够激发创造力，促进深度思考。综合运用情绪反应和认知思维，能够帮助人们做出更合理的决策，增强团队的信任感，为团队赋能。"当领导者客观评估关键决策背后的想法和情绪反应时，团队其他成员就能够感受到并认可领导者的真诚。"

自我认识能力能够帮助领导者认识到自己的优势，并能帮助人们找到发挥自己能力的方法。自我认识能力不仅仅要求人们充分认识自我，还要求人们在认识的基础上采取相应的行动。假如你发现某些人际关系需要付出更多努力，你就应该改变自己的方式、方法，重新认识自己的影响，并重新采取行动。通过这种方式，自我认识成为一种重要的反馈机制。它可以让你充分发挥自己的能力，促进团队合作，改善团队关系，对团队内部产生积极影响。

扩展自己的能力范围

自我认识能力是个人和团队持续提升的基础。集体和个人的自我认识是打造高绩效团队的关键。它既包括具身自我认识，也包括对自我思维过程的认识。了解自己和他人对团队的影响，能够帮助你不断调整工作方式，从而充分发挥出每个人的能力。随着个人自我认识能力的提高，人们对自己情绪反应的理解能力也会逐渐增强。人们也就能够更清晰地表达出自己的需求，提升团队内部沟通的质量，促进团队协作。

领导者应该真诚对待自己和他人，以公开透明的方式进行沟通，处理意见分歧，从而消除误解。领导者必须明白何时切换成前端、中端和后端领导模式。领导者还必须清楚工作方式何时有效、何时无效，并懂得在必要时如何切换不同的工作方式。

人们的自我认识越充分，就越能够扩展自己领导力的范围，越能够综合利用不同资源充分发挥团队能力。下一章，我们将在自我认识的基础上探讨关系认识。

第十一章　提高关系认识

本章将探讨理解团队内部关系的重要性。

蒂芬的故事

蒂芬是一匹退役的赛马。它生于爱尔兰，并在当地参加赛马比赛，退役后被卖到了英格兰，充当人们打猎的工具。在加入马队之前的4年里，它每年都要被转卖一次。刚来到这里的时候，它是马队里性格最温顺的一匹马。随后的9个月，它从不违背我的命令。它的性格实在太温顺了。一开始，我发现它的脸上和肋部有一些鞭痕，因此我知道它和之前的主人相处得并不融洽。

它之所以学会了服从，是因为它知道不服从就会挨打。有一次，它学会了表达自己的态度，暴怒起来，摆出一副攻击架势，用它700千克重的身体撞击我。它以前顺从人们是为了避免挨打。而认识到自己没有必要成为受害者之后，它就变得极具攻击性。它不知道如何处理基于信任和尊重的团队关系。

　　我先是给它放了 6 个月的假，然后对它进行了恢复式训练。它花了 2 年时间才重新学会了信任。以前我错把蒂芬的顺从当成了服从。后来我才发现它的顺从只是为了掩饰自己的胆怯。它害怕表露自己的态度，担心自己的错误会招致人们的鞭打。它害怕表露自己的需求，害怕变化，于是一直忍让克制，直到自己无法忍受下去。

　　蒂芬的遭遇跟成千上万的职场人士没有什么不同。当我跟客户讲述蒂芬的故事时，他们都觉得很惊骇，不敢相信竟然有人如此虐待一匹马。但实际上，很多人都在企业里遭受着精神上的虐待。服从和顺从之间的差异太微妙了，令人难以区分。

　　几年过去了，蒂芬变得异常自信，但它始终对客户的焦虑非常敏感，因为它会把客户的焦虑和压力跟自己被虐待的经历联系起来。它能敏锐地察觉到人类的感觉，从而回避人类的压力和焦虑。

个人与人际关系

　　人与人之间的关系各不相同，这些关系能够影响人们的工作表现，同时也会对个人的影响力产生作用。在与家人、朋友、同事、客户以及供应商的关系中，个人的角色定位各不相同。原因并不是人们不够真诚，而是这些不同的关系对个人提出了不同的要求。

不同的人际关系都有一个共同的要求，那就是真诚。但人们到底能在多大程度上做到真诚呢？以蒂芬为例，它就不愿完全表露自己的内心。同样，在团队合作中，尤其是在出现意见分歧后，人们也不愿完全表露自己的内心，人们会努力呈现出自己想要呈现的一面。这就造成了人们之间的距离感。

在自我认识的基础上提高关系认识

自我认识能力的确非常重要，但地球并非围绕某一个人旋转。因此，人们还应该提高关系认识，重点关注其他成员对自己和人际关系所做出的回应。这样做可以帮助人们扩展领导力范围，从而充分发挥团队关系的作用。

团队内部关系往往是造成团队失败的主要因素，因此，提高关系认识对于促进团队成功有着重要作用。彼得·F. 德鲁克（Peter F. Drucker）在接受比尔·莫耶斯（Bill Moyers）访问时，说过一句非常有名的话，"沟通中最重要的事情是明白对方没有说出的话。"

人们必须重点理解他人对自己做出的回应。哪些人参与到了团队合作，哪些人没有？哪些人能够与你轻松对接工作，哪些人不能？意见分歧和观点对立出现在哪里？焦虑感和工作压力的产生源头在哪里？这些都是人们不需要语言交流就能通过人际关系感受到的问题。面对上述不同的问题，人们应该如何解决呢？

人们的直觉反应是回避那些不和谐因素，只重视那些和谐因素。这使得融洽的人际关系会越来越融洽，不和谐的关系会越来越不和谐，观点越发对立，分歧越发得不到解决。充分认识人际关系，能够让你获得一些新信息，深化你与他人的合作，尤其是与持不同意见者之间的合作。这对团队合作尤为重要，这是因为一段破裂的关系足以破坏整个团队，浪费团队的资源。

人们应该认真思考自己对他人的想法和感觉，充分注意到团队内部产生不合或者焦虑情绪时自己身体的直观反应。人们还应该弄清楚自己的反应会对人际关系造成的影响，比如它是否强化了自己跟某些人的关系而弱化了自己与其他人的关系。这些直观反应能够提醒人们必须讨论或解决某个问题。这时候，人们必须增强信任感，或者通过沟通对话充分理解对方观点。

认真听取他人的意见，是拥有高超领导力、高水平团队合作以及融洽团队关系的核心要求。人们要在关系认识的前提下，充分听取他人的意见，同时充分理解他人没有表达出来的意见。

人们还应该弄清楚自己在哪方面跟他人配合得好，哪方面配合得不好，在不同情况下，自己的身体会有什么样的直观感受，自己如何调整才能使人们产生不同的回应。

权力重在分享

"权力"二字会让许多人产生不舒服的感觉，因为人们往往觉得它是人际关系中的负面因素。人们常常把"权力"与"权力控制"混淆。我建议领导者多考虑权力分享，这更能够体现平等的人际关系。

人际关系既不是建立在权力控制的基础之上，也不是建立在权力分享的基础之上。如果人际关系建立在权力控制的基础上，那么在这一段关系中，某个人会具有最终的支配力。你就会将权力让给比你级别更高的领导者。有时候你也会将权力让渡于客户或其他人，原因是你认为他们比你更有经验或者更有见识。这样，你就将最终决策的权力完全交给了他人。

露易丝（Louise，化名）属于讨好型人格。她花了很长时间和一匹马建立良好的关系。她经常和它说话，轻抚它的脖子，她希望友善、仁慈地对待这匹马，渴望和它建立起信任关系，因此她不想让马做任何它不想做的事。

那匹马的确跟她建立起了良好的关系，但却转过身来，朝向她，不肯动。露易丝望向我，问我它为什么不动。"你要去哪里？"我问道。她回答我："哦，我也不知道。我在等它，等它决定到底去哪里。"

事实上，马儿已经决定哪里也不去。正因为露易斯没有明确的指令，没有确定前进的方向，马儿才决定待在原处。

人们刚开始和我的马接触时，很多人都把决定权交给那些马。他们认为自己在体力上不如它们，自己也永远不会在与马的角力中获胜。于是，他们走向了另一个极端。为了不让自己表现得太过强势，他们放弃了自己的决定权，变得消极被动，而露易斯就属于这种情况。这是一种建立在权力控制之上的人际关系，在这种关系下，人们会把权力让给其他人。虽然这样做是为了表明自己对这段关系的重视，但人们由此会变得消极被动，丧失了发言权。

相比之下，史蒂夫（Steve，化名）直接走向了他的马，他没有跟马打招呼，没有轻抚它，也没有跟它建立起良好的关系，就直接对马说："动起来，我们要出发了。"

史蒂夫径直地走了，而他的马要么一动不动，拒绝配合，要么用头顶他，跟他较劲。出现这种情况的原因是双方之间没有建立关系。

史蒂夫把注意力放在了他的前进方向上，而忘记了要先与马建立起良好的关系，再邀请他的马和他一起前进。他没有预料到这匹马可能会不听从他的指令。

这是权力控制式关系的另一个极端。在这个案例中，史蒂夫试图完全掌控权力。这或许是出于潜意识的决定，但它会对团队产生影响。人们对此会有两种反应 —— 抵制或者默许。

如果人们只重视结果或者只重视团队关系，就会出现这两种极端情况。这两种做法都不会对团队产生积极的效果。在这样的关系中，团队成员间的地位也是不对等的，这也是很多团队失败的原因。史蒂夫试图利用"支配力"达到自己的目的，而露易丝却觉得自己没有发言权或没有受到重视。

虽然在短期内，史蒂夫的做法适用于比露易丝这类人更强势的人，但他需要调整自己的方式，鼓励并给团队成员留出表达自己意见的空间。而露易斯则会发现自己更善于在不如史蒂夫强势、更加内向的人面前表达自己的意见，但她需要保证自己拥有充分的空间，并且公开表达自己的需求。

互相指责会导致双方都不做出调整，最终问题得不到解决。如果一方做出适当的调整，以匹配对方的性格，那么双方的关系就能得到改善。而如果双方都做调整，双方就会更加真诚，思路也会更加清晰，给予彼此更多的信任和尊重，双方之间的关系就能彻底改观。一段关系中的两方会通过调整找到领导力的平衡点，既不支配对方，也不会被对方支配。

这两种类型"权力控制式"关系都是不平衡、不平等的人际关系。很多人对我说，在企业的科层结构下，人际关系本就不是平等的。但我认为，虽然人们的职位、级别和权力层次可能不一样，但人的能力和精力是平等的。人们很难通过降低自己或他人的地位，来利用这段关系，发挥它的最大作用，也很难通过这种方式促进双方合作和鼓励创新。

真正的合作会催生"权力共享"，而它的前提是每一个人都拥有平等的发言权，每个人都能自由表达自己的观点。因此，在发言前，人们首先要对这段关系有充分的认识。人们应该确保自己贯彻"权力共享"的思路，既不让出自己的权力，也不支配控制他人。人们应该了解并匹配团队成员的性格，通过合作实现团队目标。

重视不同的视角

在团队合作中，人们往往会把注意力集中在团队的最终目标上，而忽视了人际关系。你对团队成员的了解程度有多深？你是否了解他们的观点、价值观、信念体系？他们的观点、价值观、信念体系可能与你的不同，因此你需要认真思考如何消除这些分歧。

你无法改变他人的价值观，同样，他人也很难改变你的价值观。但是，了解各方的共识和分歧，可以促进人们协作。

团队所有成员的价值观能够影响领导者的工作方式和工作方法。领导者应该充分理解团队成员没有表达出来的想法，并根据自己对人际关系的理解，做出决策。同时，领导者不应该轻易对人际关系中出现的问题做出假设。第五部分将进一步详细探讨假设的问题。

在团队合作中，人与人互相影响，使得团队能够从不同的视角分析问题。举个例子，假如你喜欢从全局视角分析问题，但也不要因为团队中某些人关注细节问题而感到沮丧。不同的阶段需要不同的分析问题的角度。相反，领导者需要认真思考如何利用每个人的不同优势，来确保团队合理地考虑全局和细节问题。领导者应将人们各自的优势作为团队合作的基础，尊重并重视不同的意见。

人们通过潜意识解读人际关系。在团队内部，人们通常会花较多的时间跟与自己观点一致的人相处，花较少的时间跟与自己观点不一致的人相处。这样，人们在巩固某些人际关系的同时，也加深了自己与其他人的疏离感。因此，人们应该充分思考自己的哪些行为造成了与团队或团队一部分人的疏离感，并努力消除分歧，促进团队协作。

非事务型沟通

绝大多数团队都非常忙碌，在这种情况下，团队内部的沟通往往都在事务层面，如收集和交流必要的信息。很多团队开会的目的是为了收集信息，而不是促进团队协作。如果人们对发言人的讲话不感兴趣，就不会投入太多的注意力。很多团队的会议都属于这种情况，这样团队里的每个人都只关心自己的工作，而不是互相协作，就不能形成一个有机的整体。

领导者应该充分关注团队的内部联系，不仅听取人们的意见，更应该理解人们没有表达出来的想法，由此判断出哪些成员在团队合作中遇到了困难，并思考如何给他们提供支持。团队应及时解决内部分歧，否则分歧将会一直存在。人们应该将分歧当作催化剂，给予足够的重视，在它的催化作用下共同努力，满足每个成员的需求，实现高水平的团队协作。

领导者应该花些时间去了解那些在团队中与自己接触最少的人，确保自己与所有成员都没有距离感，并使每个人都能自由地表达出自己的需求。只有这样，团队内部才能建立起信任感，从而对团队产生积极影响。通过巩固人际关系，人们可以减少错误的假设，增强人们之间的信任感，建立起更加紧密的联系，相互之间也能够给予更有力的支持。

人们有时会觉得自己太忙碌，没有时间维护人际关系。但团队内部的人际关系以及它所能够提供的资源将会决定团队的成败与否。因此，即使人们再忙，也不应忽视人际关系。领导者应该多花些精力加强自己与每个人的联系，如果能做到这一点，用不了多久，它就能给团队带来收益。

巩固人际关系

由于团队中总是会存在不同的意见，因此人际关系是团队合作中一个比较棘手的问题。这些不同意见一开始都是感觉上的差异，人们也没有将这些差异形诸语言。但随后，人们会做出一些不够客观的假设，这会削弱团队内部的信任感，造成人们之间的矛盾和距离感。人们只有充分理解人际关系中出现的问题，才能解决这些问题，这样团队才不会陷入互相推诿的僵局，或者产生激烈的争论。

团队里的每一个成员，包括领导者在内，都不是问题的根源。真正的问题出在人际关系上，而领导者对此负有一定的责任。每个成员都有责任解决团队的问题，而要解决这一问题，人们首先要做的是巩固人际关系。只有这样，人们才有足够的安全感进行必要的沟通，表达出不同的意见，消除内部分歧。领导者要乐于听取意见，并愿意从团队利益出发，改变自己的观点。

　　人际关系的建立，离不开沟通对话，离不开人与人之间的支持。此外，它还要求人们必须敢于面对分歧，积极寻求满足每个人需求的解决方案。领导者要学会充分利用现有的非语言反馈信息，以此为起点加强团队联系，拉近人们的距离，形成团队合力，共同解决问题。

第十二章 形成系统认识

本章将进一步拓展人们对非语言信息的认识层面。

慌乱会严重影响工作效率

刚到马场的时候，我很担心，因为我从来没有接触过马。当我穿过停车场的时候，我发现那些马在栅栏门后的马场里注视着我。它们的体型比我想象得要大。我觉得它们和我一样，都想了解彼此。

在听完对马的简单介绍后，我们开始了一项练习，学习如何自信地给它们指明行走的方向，如何通过非语言的暗示与它们建立信任关系。然后，我们每个人要带领着一匹马一个接一个地绕着马场走。带领马前进要比我预想的难很多，肯定也比一大早就开始忙工作要困难得多。很快就轮到我了，我走向凯莉，自信中夹杂着担心。我向它做了一番自我介绍，然后邀请它跟着我走。一开始，它有些不情愿，但最后它还是跟着我走了起来。我的心怦怦直跳，但它的配合让我很高兴。我一边走一边和它说话，在这个过程中，我的信心逐渐建立起来了。

我们在环道上走了一半的时候，我突然发现了一个东西。那是天空中的一个小点，它飞得非常快。起初我以为那是一架普通飞机。过了一会儿，我发现那的确是一架飞机，不过却是一架低空飞行的军用喷气式飞机。我吓了一跳。以往的工作经历使我明白，慌乱会蔓延到周围人，会降低工作效率。因此，我必须采取果断行动。但我离其他人太远了，没办法赶过去。我又不打算离开这匹马，所以我唯一的选择是待在原地，尝试自己解决这个问题。

我们停了下来，我望着凯莉的眼睛，对它说："没事，别担心。"我一边对着它讲话，一边轻抚着它的脑袋，安抚它。那架飞机就在我们头顶上轰鸣着，我的腿在不停地颤抖。凯莉也是一副不安的样子，但它仍然待在我身边。最后，我朝大家走了过去，而这次凯莉毫不犹豫地跟了过来。共同的经历让我们建立起了信任关系。

这次的经历让我收获了以下经验：

●我完全有能力应对陌生的环境。要应对陌生环境，我必须充满自信，相信自己的直觉。

●在压力面前，要保持镇定。忽视风险或者惊慌失措会让人陷入困境。

●关心和你一起工作的人，这可以帮助你们建立信任感。

●新方法可能会给你带来意想不到的效果，并且让你得到更多经验。

—— 威斯里安（Wesleyan）公司数据治理经理

罗斯·伊斯特比（Ross Easterby）

问题究竟出在哪里

我经常听到人们抱怨不知道问题是从哪里冒出来的。虽然存在这种情况，但更常见的情况是，人们只关注细节问题或人际关系问题，而没有从全局角度思考问题，没有注意到周围发生的事情。在这个案例中，尽管罗斯非常慌乱，但他认识到了自己的恐慌情绪（自我认识），并努力安抚凯莉（关系认识），同时也注意到了飞机的存在。（系统认识）这一切帮助他做出了正确的决定，也保证了大家的安全。我在罗斯之前就发现了那架飞机，而且已经做好必要时出手控制局面的准备。

领导者应该从更广的视角看待问题，这样才能看清问题，明确团队方向，获取更多信息，从而更好地应对变化和不确定性。这些信息能够为决策提供参考依据，确保人们的决策有益于全局，而不仅是只对某个团队有益。

虽然人际关系是团队的基础，但领导者更应该将团队视为完整的实体，不仅要关注团队的各个组成部分，同时还要从整体的角度关注团队。领导者应该立足于团队这个整体，并将团队内部的各种关系当作团队的重要组成部分。

人们常常过于关注团队内的人际关系问题，或过分关注当前的问题，而忽略了全局的问题。你对公司其他部门存在的问题是否了解？你应该怎么做才能确保整个团队的成功？

你是否了解自己团队之外的全局性问题？当这些问题不断变化时，它们对你有什么影响？你的团队是专注于整体方向还是被细节问题迷惑？

什么是系统认识

团队是一个有机的整体。当人们的注意力集中在某一个人或某一个问题上时，总会忽略其他人和其他的问题。假如你把所有注意力都集中在产品开发上，你就有可能忽视客户体验。如果你专注于销售问题，交货质量可能就会有所下降。这就是为什么在一个企业中，产品开发、销售、交付之间总是存在矛盾关系。人们需要从全局的视角考虑这些问题，把它们放在一个系统内加以考虑，而不是对它们进行简单相加。

从团队层面思考问题，是形成系统认识的第一步，但系统认识的范畴远远超出了团队层面。客户、供应商、整个经济体系、市场环境、政治制度、政府监管、卫生与安全问题，都会对企业产生影响，因此人们必须通盘考虑这些问题。另外，团队成员也可能有各自的问题，这些问题会影响他们的情绪、精神状态和关注力。

我们周围有大量的信息为我们下一步的决策提供参考。在不确定的局面下，人们试图寻找明确的目标和方向，但往往很难做到。更宽阔的视野能够为人们的决策提供更科学的参考。

以我为例，2020年新冠肺炎疫情暴发后，英国开始实施封锁隔离政策。我立刻停止了马术项目，收入来源也被切断。

当时我的自我认识是，我需要赚钱养活我的马队，养活我的公司。

我的系统认识是，在不确定性问题的笼罩下，整个国家都陷入了焦虑。

而我的关系认识则是，如果整个国家都陷入了焦虑情绪，那么我的客户肯定也在苦苦挣扎。于是，我电话联系了我的客户，发现他们的许多团队都在艰难应对未知的形势。我为他们的团队安排了在线会议，讨论如何应对不确定性问题，并分享了我从我的上一本书——《领导力驾驭未知》——中学到的东西。

我的这个方案是根据我的需求、整个国家的情绪状态以及客户的需求来制订的。干坐在家里是不可能想出这个方案的。相反，在分析了国家的情绪状态，并把客户组织起来后，我在封锁隔离政策开始实施的一周内迅速调整我的业务重点，根据系统认识初步设计出了满足各方需求的新方案，并利用新方案赚取的收入养活了我的马队。

我们遇到的绝大多数问题都属于已知问题。比如，某时某刻将会发生一场严重的网络攻击，针对这个问题，你是否清楚你的信息系统的稳定性和安全性呢？世界经济论坛发布的《2019年全球风险报告》重点列举了许多我们忽略和试图逃避的问题。只有做好充分的准备，我们才可以更快地做出反应。

系统内的各种因素

团队的情绪状态取决于很多因素，比如人们的健康和财务状况、工作积极性，工作内容是否符合他们的价值观，以及他们遇到个人和家庭问题（如搬家、照顾子女和长辈、离婚等）。这些因素都会影响团队的表现。领导者不可能随时掌握更大范围内的所有信息，但可以通过察觉人们的变化，判断出他们所处环境的变化。

因此，团队必须营造出一个充满信任感和心理安全感的环境。只有这样才能使团队所有成员打消顾虑，充分表达影响各自工作的信息。

团队现在遇到了什么样的问题？哪些人不爱发言，但同时他们的意见又必须得到重视？如何判断一个人是在思考问题还是心不在焉？你需要关注什么问题？你需要克服哪些阻力？哪些人需要留出更多的思考时间？哪些人快要耗尽了精力，需要释放工作压力？

团队在时刻变化着。如果某个人发生了变化，那么整个团队就会为此改变。如果一段关系出现问题，整个团队也都会受到影响。团队的变化也会对你的客户产生连锁反应。他们能感觉到你的团队的热情、积极性以及和睦关系，也能感觉到团队的不和谐、分歧和矛盾。

人们可以感觉到更大系统内的变化，同理，更大系统内的人们也能感觉到团队发生的变化。奥托·夏莫（Otto Scharmer）和凯特琳·考费尔（Katrin Kaufer）将人们的这种认识称为"生态系统意识"，他们认为，"这种认识要求人们必须培养从他人视角分析问题的能力。这样的好处就是人们的决策和最终的结果会惠及整个系统，而不仅仅是某个部分。"

人们可以通过与客户的接触，判断出双方之间可能会存在的问题。如果对方与你之间产生了距离感，就说明你们的关系出了问题。这可能意味着对方与你的个人联系或者业务联系不再紧密。其原因或许是他们不再需要你的服务，或者你的服务无法满足他们的需求。也有可能是他们正在对自己的业务做出调整，但还没有通知你。

这些变化可能会影响到你，也可能对你没有任何影响。但你必须认识到这些变化，这就要求你放慢节奏，认真思考当前存在的问题，认真思考自己需要做出什么调整，以满足每个人的需求。作为领导者，你必须考虑何时做出调整，何时给客户留出空间。

每个人的需求是什么

你是否了解自己的团队对不同问题的想法和感受？随着团队成员之间逐渐加深了解，人们开始形成一种思维定式，也开始对其他团队成员做出一些主观假设。这有可能加深成员间的信任，也有可能制造分歧。这样，原本良好的关系可能会变得更好，而原本存在分歧的关系将变得更加疏远，除非人们及时采取一定的纠正措施。

人们往往会向那些最有可能同意自己观点的人，来确定自己的想法和假设。相反，你可以通过拿团队中最不可能同意自己观点的人来进一步验证自己的假设和想法。通过这种方式，你可以在想法的形成初期，从不同的视角分析问题，同时，你也借此表明了自己重视不同意见的态度。这种方法增进了团队成员之间的互相信任和互相尊重，改善了团队整体协作的方式，同时兼顾了能够发挥作用的关系和不会发挥作用的关系。

领导者需要牢记，自己的需求会随着环境的变化而变化，他人的需求同样如此。因此，在这个充满变数的时代，人们必须进行持续的沟通，并保持清晰的思路。为了响应变化，人们需要调整工作重点，这时候人们往往缺乏清晰的思路。思路不清晰，加上问题的不确定性，会使人们感到不安。系统认识则要求人们关注团队不断变化的需求、人际关系以及个人的自我认识，而这些因素是互为基础的。

在矛盾出现后，我们在他人指出矛盾之前就能感到它的存在。关注更大的系统，可以帮助我们明确他人的需求，明确自己该如何满足这些需求，并以此为基础做决策。领导者还应该认真思考：哪些人的需求没有得到满足？哪些人没有融入团队合作中？团队需要做出什么样的调整？

关注更大的系统，可以帮助人们在问题演变成危机前就能提前做好准备。比如，人们可以通过讨论矛盾的形成根源，把矛盾化解在萌芽状态。这种方法可以防止团队内部产生挫败感，最大限度地减少误解，从而预防因关系破裂造成的严重问题。

系统认识是一种要求人们主动寻求信息的前瞻性认识。它往往是一种非语言方法，要求人们提前获取相应的信息，以防止问题的出现，或者防止问题变得更严重。系统认识建立在合作性和探究性对话的基础之上。

市场环境认识

市场环境认识是另一种影响团队合作、领导内容和领导方式的系统认识。它要求人们关注自己的客户。人们需要明确客户的需求是什么，他们的需求是如何反映市场环境的变化的。举个例子，如果你主要客户的客户遇到了困难，他们有可能会减少自己的预算，这样就会减少你的主要客户的收入，进而影响你的主要客户对你的业务需求。但你可以提前与其展开合作，了解他们的需求，从而能够迅速做出反应。

在这种情况下，人们可能需要调整自己的产品和服务，以满足客户的需求。再举个例子，由于越来越多的工作开始由人工智能承担，因此，人力资源公司需要认真考虑自己应该如何在这种形势下开展业务。比如，什么样的工作更值得关注？未来将不再需要什么样的职位？针对那些受此影响的行业，人力资源公司可以积极主动地为这一行业内的客户提供再培训的机会。利用这种认识，人力资源公司就可以提供增值服务，并将自己的服务扩展到新的需求领域。

市场环境认识还要求人们关注自己的供应商。比如，己方与供应商是否存在有待解决的问题？供应商内部的主要联系人是否发生了变化，这对己方有什么影响？己方如何确保这些问题不会损害对方所提供的服务质量或产品质量，从而对自己造成损失？己方需要提前做好哪些准备防止这种情况发生？

团队往往不会对自己的供应商给予足够的关注，直到双方关系恶化后，才去寻找新的供应商，这就浪费了大量的时间。无论是团队内部问题，还是供应商之间的问题，越早解决问题效果越好。

此外，人们还要关注更广范围内的市场环境。英国脱欧令许多人感到意外，但实际上，英国内部很早就出现针对脱欧问题的激烈争论。团队应该提前考虑各种可能性，而不是仅仅在事后对市场环境的变化感到惊讶。领导者应该提前做好准备，让自己的团队及时了解你对大环境的看法以及你所注意到的问题。

人们常说，整体大于部分之和。然而，我们倾向于只把团队看作一个整体。事实上整体应该包括更广泛的认知领域，这样你才能确保把所有可用信息都考虑进去。

多层次认识

面对各种变化所导致的不确定性问题，人们可能会缺乏清晰的思路，事实上，人们周围的大量信息能为自己的决策提供依据。通过利用系统认识、自我认识和关系认识，人们可以对问题进行全面思考。

人们可以充分利用现有信息来指导自己的决策，以应对不确定性。为此，人们必须不断地把注意力从个人转移到人际关系，再从人际关系转移到系统层面，然后在这 3 个层面循环往复，不断发掘信息，利用信息。我们只有充分关注外部环境的各种信息，才能提前认识到各种未来的变化。在下一部分，也是最后一个步骤：重视潜意识思维活动，我们将进一步探讨每个人思维活动背后隐藏的信息，并探讨这些信息反映的现实问题。

步骤 4：重视潜意识思维活动

本部分将探讨人们的潜意识思维活动，这些因素决定了团队合作的成败。

关键问题及盲点

绝大多数团队都遭遇过以下问题，但是有时候团队可能没有意识到这些问题的存在。这些问题包括：

- 人们会对其他成员以及团队状况做出一些主观假设和判断，并以此为基础开展工作。

- 团队内部会产生距离感、不和甚至分裂，而人们往往意识不到这一过程。

- 意见分歧的出现会破坏团队内部信任和互相尊重的基础。

隐性互动因素

"重视潜意识思维活动"这一部分探讨的隐性互动因素包括：

- 心理边界。

- 假设。

- 意图。

预期成效

将本部分内容运用到管理实践中，团队将会有以下收获：

• 形成明确的心理边界，同时以人文关怀和明确的思路为基础保持这种边界感。

• 通过公开表明自己的主观假设，而不是质疑、指责，提高团队的开放性、透明度，促进成员间的坦诚沟通。

• 带着明确的意图开展工作，确保自己的意图能产生积极效果，对他人产生积极影响。

第十三章　把握心理边界

本章将探讨如何把握心理边界，以展现人文关怀。

明确自己的心理边界

在2月份的一个寒冷早晨，我参加了祖德的领导力项目。此后，我认识到，是个人经历和创伤经历让我原本脆弱的内心变得更加坚硬。内心的矛盾令我经常出现判断错误。我一直在怀疑自己，我对自己的每一个决定和别人的每一个异议都产生了怀疑。我对所有人都保持"一刀切式"的心理边界，这种心理边界不仅没有效果，也让我显得很虚伪，而且这种边界感只适合针对某一个人。

我还清楚地记得自己意识到这一点的那一刻。当时，我正在尝试带领一匹叫"蒂芬"的马通过马场的障碍赛道。一开始，我们配合得还算不错，但是当我们走到第一个弯道的时候，它停了下来，不愿再往前走。我用尽了一切办法，但都无济于事。祖德注意到了我遇到的问题，于是走过来帮助我。她说："当你受到挑战时，你总是会怀疑自己，对吗？"情况确实如她所言。这是我生命中的一个关键时刻，这一刻我开始意识到唯一能改变我的人就是我自己。

参加祖德的项目是一段足以改变我人生的经历。在这段经历中，我最大的收获无疑是我对自己的心理边界有了足够的认识。祖德（和她的马）教会了我如何把握心理边界，展现真实的自我。同样重要的是，我学会了什么时候应该坚持立场，什么时候缓和自己的态度，什么时候应该放手以及如何放手；同时我还明白了无论结果是好是坏，我都要学会接受。

现在，我更加重视自己的直觉，知道自己能控制什么，不能控制什么。我会接受每一种情况或者每一项挑战。我知道，只要遵从自己内心的价值观念（我内心一直坚持的价值体系），坚持真实的自我，无论最终结果如何，我都会接受它。

与祖德和马队相处的这段经历，让我找回了自信，使我能够勇敢和自信地做出决策。我开始真正了解和认识自己，变得更加坚强。

当你面对这些马的时候，你是不可能隐藏自我的。它们能看到你，感受你，了解你。

——Entec Si 公司 **1** 资源经理 萨拉·弗罗斯特（Sarah Frost）

---

1 英国一家数码产品供应商。——编者注

心理边界是什么

　　心理边界是指导人们生活和工作的准则。它能够为人们的人际关系以及团队合作设定界限和规则，指导人们在什么情况下同意或否定他人的观点。父母会对子女形成一定的心理边界，以确保他们的安全。比如，人们不太可能允许自己 4 岁的孩子独自逛商店。那么，当孩子多大年龄时，你才敢放心地让他们独自去逛商店呢？这个问题的答案取决于你的个人经验、居住区域、道路状况以及孩子是和哥哥或姐姐一起去商店还是独自前去。此外，你还会根据孩子以前完成任务的情况，对孩子的智力发展做出合理的判断，这一判断也是影响你做出决定的重要根据。

　　孩子们在成长的过程中不断地突破父母的心理边界。这是一种常见的现象，也有益于孩子的成长。但对成年人来说，心理边界要么太过明确，要么完全不存在。如果你曾经有过一个控制欲很强的老板，你可能再也不愿为这样的人工作。而拒绝这样的工作，是你管理自己心理边界的一种体现。又或者你已经学会了如何与控制欲强的人打交道，而更愿意接受这样的工作，这同样体现了你的心理边界。

　　对于心理边界，我们并没有一个正确与否的标准答案。人们需要结合具体的环境（如不同的人为因素、关系因素以及外界条件）形成不同的心理边界，而且心理边界也是在不断变化的。团队里的每个人往往都会无意识地形成自己的心理边界，而且每个人针对不同问题所形成的心理边界也各不相同。因此，理解每个人对问题的接受程度，是十分重要的。某个人同意某个观点，并不意味着其他人也同意这一观点。一个团队同意的观点，另一个团队未必同意。

这些都是我们必须做出的判断，这些判断取决于你所获取的信任和尊重，以及你的自信心、信念体系、自我认识和经验。可以想象，在团队合作过程中，个人做出的判断可能导致很多问题，原因是大多数人都会无意识地设定、管理、忽视、突破和挑战自己的心理边界。对团队来说，最重要的是人们要公开、坦率地表明自己的立场，而且不带有任何主观评判。"激发团队活力"这一部分为人们管理心理边界提供了一些启示和指导。合理的心理边界可以提高团队幸福感，减少压力。人们有时会挑战或者突破自己的心理边界，领导者则需要重视这种情况对自己情绪的影响。它可能会使人们产生抵触情绪，加重挫败感，而人们则可以感受到这种影响。团队成员只有公开表明自己的立场，懂得何时提出异议、何时表达支持、何时做出让步，才能更好地理解彼此，增进信任和尊重，真诚地开展合作。

缺乏边界感的影响

人们如果不合理管理自己的心理边界，就会很容易受到他人的摆布。在很多情况下，人们不得不接受别人的观点或行为。一些职场玩笑往往会突破人们同情他人的心理边界。人们开玩笑以及取笑自己（或者他人）的目的，可能是希望通过这些玩笑让团队成员喜欢自己，寻求归属感。这就是人们突破心理边界的一个例子。

缺乏明确的心理边界，也会让自己不得不做一些不想做的事情，附和自己不同意的团队决定，并且放弃自己的发言权。或者人们可能认为自己已经表达了意见，但没有人听，尽管自己不喜欢，也不得不表示接受这个事实。如果他人不断突破你的心理边界，那么单纯表明自己态度是不够的，你需要坚定自己的立场，表明自己的反对意见，并提出自己的观点。

为了讨好他人而习惯性地附和别人的意见，是心理边界过于松弛的一种表现。在团队合作中，这会产生一些隐性的后果。团队中总是附和他人意见的人通常会承担更多的工作量，承受更大的工作压力，产生持续的焦虑感。他们可能会觉得自己受到了欺凌和利用，因而充满挫败感，但他们不敢表示拒绝。但是，除非他们明确表示拒绝，明确自己的心理边界，否则，挫败感和压力水平会继续上升。

　　既不合理又不受控制的心理边界会使人们过度分享，不断试图为自己辩解，或者因别人的想法感到焦虑。如果你不明确心理边界，团队要么会肆意突破你的心理边界，要么会谨小慎微，担心自己突破你的心理边界。这样，他们会一直做出错误的主观假设。

　　所有这些反应都是隐性的，通常也都是无意识反应。团队内部不断出现这样的问题，每个人都试图揣测其他人的需求，这就消耗了人们大量的精力。如果在团队内部产生了挫败感，那么原因很可能是团队在不断突破心理边界，而没有明确提出异议，人们不得不忍受自己不喜欢的事情。

　　缺乏合理的心理边界的另一个例子是，人们不喜欢某些行为，但仍然忍受着这些行为，从来不表明自己的态度。这在团队合作中是很常见的。比如，可能某一个人开会总是迟到，其他人不得不等他。如果人们都接受这种情况，而且很乐意利用他缺席的几分钟来加强团队联系，那么这就不存在任何问题。但是，如果某个人总是做一些你不喜欢的事情，总是令你感到不愉快，那么，你最好跟他进行沟通，表明自己的态度。

　　团队往往不愿意就心理边界的问题进行坦诚的对话，因为这会让人感到不舒服。这就会导致团队内部持续存在挫败感。如果你想让所有人都喜欢你，那么，你可能会丧失明确的心理边界，被别人指挥来指挥去，不得不忍受自己不喜欢的事情。因此，对团队来说，最重要的是针对心理边界展开对话，以促进团队合作，增进信任和尊重。

刚性的心理边界

反过来，太过刚性的心理边界会使人们在身体上、精神上、情感上或在社交方面与团队产生距离感。人们常常会因为不愿受人摆布，而走向另外一个极端，固守自己的观点和态度，从而形成了太过刚性的心理边界。担心受人摆布或者受到职场欺凌，会使人们通过固守心理边界来保护自己，这通常表现为人们与团队脱节，对团队合作不够积极、不够上心。与他人刻意保持距离，不愿寻求他人帮助或不愿公开与他人分享，这是人们自我保护的一种形式，容易造成人们的心理边界过于刚性。

如果你认为自己在工作中和生活中有很大的不同，那就说明你在工作中没有展现真实的自我，为了保护自己而铸就了一道坚固的心理边界。这会让你和团队成员之间产生距离，会损害信任感和坦诚开放的氛围。因此，你必须不断挑战自己对问题合理性的认知，这样你才能继续扩展自己的心理边界。

如果你认为某人很固执（或者别人也这样看待你），这可能是因为他需要一个牢固的心理边界来保护自己。与其去突破他们的心理边界，还不如弄清楚他们的需求，以及他们坚守心理边界的原因。用真诚的对话解答你心中的疑惑，加深彼此的理解，在朝着共同目标努力的过程中，相互支持，加深双方之间信任。

为了更好地学习和发展，你必须突破自己的心理边界。为了走出舒适区，你必须挑战自己的舒适区边界。走出自己的舒适区让你感到不适应，你可能还在坚守着原来的舒适区边界。在团队的其他成员眼里，你可能是一个非常固执的人。这将使你很难在一个重视适应性的团队里开展团队合作。如果你是一个不愿学习、不愿尝试新事物或走出舒适区的人，那么，你可以尝试用不同的方式去处理问题，逐步培养拓展心理边界的能力和扩展舒适区的技能。同时，你还应该支持其他团队成员采取相同的办法。

人们的心理边界是不断变化的，而且人们很难知道自己确切的心理边界。如果跨越某个边界会令你感到不舒服，那么跳出自己的舒适区也同样如此。你怎么知道自己何时应该拓展自己的边界，何时应该明确表示拒绝呢？这是一个不断试错的过程。你需要在团队合作中，培养自己的领导能力，知道所有情况下的应对方法，同时乐于适当拓展自己的心理边界，但一定不能超出自己可以接受的范围。

合理的心理边界

心理边界是一种自我关怀和自我尊重的结果。合理的心理边界会让人充分尊重自我，使人能够心安理得地拒绝自己不接受的事情。它会促进人们进行开放和坦诚的沟通。在这个过程中，即使你仍然不同意别人的观点，也会理解他们认同或不认同的理由。

自我认识和具身自我认识是人们识别自己的心理边界是否受到挑战的关键基础，这是因为通常人们会感受到这种挑战，身体上会产生某种不适感。这两种认识越充分，人们就越能够感受到走出舒适区，以及突破心理边界受到挑战所带来的不适感。每一个团队成员都必须获取这样的体验。这就好比人们学习骑自行车，人们不需要借助语言就能找到那种平衡感。这是一种具身化的体验。

合理的心理边界会使人们对他人抱有关怀之心，同时又不会太多介入他们的事务。人们应该在展现人文关怀的基础上，保持合理的心理边界，并相信每个人在任何时候都在尽自己最大的努力，而不是指责他人。

形成和保持心理边界要求人们必须掌握平衡之道。你是愿意冒着失去升职机会的风险而拒绝额外的工作量，还是愿意用加班加点来换取升职机会呢？你会在权衡风险、负面感受和收益后，做出相应的决定，答案只有你自己清楚。每个人对这个问题的回答也不尽相同。

我们每天都会根据自己的心理边界做出判断，但大多数时候，我们在工作和生活中并没有意识到这些判断。明确自己接受什么、拒绝什么（以及相应的后果），可以帮助领导者做出对个人和团队都有利的重要选择，帮助领导者更加专注于团队的共同目标。

保持合理的心理边界

合理的心理边界可以帮助领导者激发团队活力。领导者应该针对心理边界开展更开放、坦诚的对话，帮助人们在形成和保持各自心理边界的过程中互相支持、互相引导、互相提意见。如果人们不愿或者不敢在团队内部公开谈论心理边界问题，人们就会对彼此和团队做出更多的主观假设。这会在团队内部制造隔阂和误解。下一章我们将详细探讨假设所造成的影响。

领导者应该公开、坦率地表明自己的心理边界，明确表明自己的需求和不愿接受的事情。这样才能引导其他人合理地处理地这类问题，并给人们设定一个明确的期望。一旦发现有人逾越了自己的心理边界，你就可以要求对方做出改变。当你意识到其他人可能只是忘记了你的心理边界时，就需要再一次表明自己的心理边界。有时你会因为他人不小心逾越了自己的心理边界而感到懊恼，但与其懊恼，还不如继续向团队重申自己愿意接受和不愿意接受的事情。领导者还必须在保持心理边界的同时，确保自己有较强的工作灵活性。

就心理边界问题展开对话，能够帮助你巩固人际关系，更好地了解彼此，凝聚团队力量。如果你不愿进行这样的对话，就会导致人们的挫败感加剧，导致团队内部权力失衡，有些人会觉得自己总是受人摆布，有些人则会觉得一切都由自己说了算。

领导者应在大家都熟悉的原则指导下，灵活做出调整，同时相信人们会坦诚指出令他们沮丧的问题，而不是指责对方。这种管理心理边界的方式会提升团队的创造力。由此可见，心理边界不仅非常重要，同时也需要合理的管理。心理边界是团队中的隐性问题，把这个问题公开化，能够帮助团队增进信任和尊重。只有这样，人们才能坦诚地讨论不一致的观点，同时不会对他人的异议感到不快。

第十四章　做出假设

本章将探讨如何摈弃自我评价和自我怀疑，代之以公开的对话。

"那个固执的家伙"

"凯莉一副冷漠的样子，所以我更愿意跟其他马合作。"

"我觉得这匹马不喜欢我，因为它是唯一一匹没有过来欢迎我的马。"

"这匹马不愿意配合我。"

"这就是那个固执的家伙？"

这些是我经常从客户那里听到的他们对凯莉的评价。事实上，凯莉非常乐意与人们建立信任关系。它并不冷漠，而是非常热情。由于它体型巨大，因此人们常常对它产生畏惧感。当人们退缩，害怕接近它时，它就不愿搭理他们。凯莉的自信导致它不愿与缺少诚意的人合作。它希望人们全身心地促成和维系这段信任关系。

如果马拒绝配合或拒绝合作，客户往往会抱怨它们太过固执，很难相处。我给他们的回答是：那是因为你还没有满足它们，让它们愿意配合你。当某个人摆出一副不配合的架势时，人们往往会质疑他本人。怪罪别人是一件再容易不过的事情，因为这样人们就不需要调整自己的行为。

在我的团队中，无论是人还是马，我都将他们的所有行为当作信息反馈，我会结合这些反馈，确定与他们打交道的方式。如果我没有得到自己想要的结果，我就会改变原来的方式。我不会做出消极的主观假设，而是乐观地认为，他们想从我的领导中得到一些不一样的东西。这样，我就能够通过改变自己的行为，来改变他人的行为。

马之所以对我态度温顺，原因是我的心情很放松，很平静。我学会了如何管理我的真实情绪，以便让自己安定下来，放松下来。在刮风的日子里，我可能需要充分地利用自己的情绪状态，来安抚它们的情绪，这样它们就会感觉到我有能力保证它们的安全。我从来都不会以自以为是的态度来对待它们。

马之所以有时候不服管束，是因为它们的某些需求没有得到满足。在风雨交加的日子里，它们会在门口挤来挤去，目的是想进门吃点东西暖和一下身体。如果我早上来晚了，奥伯斯就会在门口用后腿直立起来。它在用自己的行为告诉我它现在需要吃饭了。

难道这样的行为说明它很难相处吗？不是，它只是在表明自己的态度。我发现，如果我在上午9点之前到达，它会很高兴，而如果我来晚了，它就会非常不高兴。我可以自由选择自己到达的时间，但我还是选择在9点之前到达，因为我知道它想要什么，也知道自己想要什么。

通过这种方式，你就可以利用人们的反馈来指导自己跟他人的相处方式，不断为他人的发展创造条件，同时也让自己更加轻松、满足。这个过程要求人们不断进行对话，防止做出错误的主观假设，破坏团队关系。

事务型假设

《牛津英语词典》对"假设"的释义是"在没有证据的情况下接受某事为既定事实"。为了明确目标和方向，我们会对他人或者事情做出假设。有些假设会让我们的生活更加轻松，而另外一些则会导致关系破裂。假设会加速上述过程。举个例子，你会假设闹钟会在设定的时间响起。这个假设能够减轻你的压力，因为你不用整夜担心闹钟是否会响。你假设它会按时响起，因为它没有理由不响。

为了降低共同参与事务的不确定性，我们也会对他人做出假设。例如，我们可以合理地假设，新成员或经验较少的团队成员可能需要更详细的任务指示，经验更丰富的团队成员则不需要太多的指示。这样的假设是人们根据自己与对方共事的经验做出的。

假如你想让团队制作一把椅子。你的要求是制作一把椅子，但他们可能会做一把扶手椅，而你想要的是一把办公椅。你想不想在椅子下面加转向轮？你希望椅子用什么材料？有经验的团队成员可能会知道你想要的是一把办公椅，所以他们会做出假设，以加快工作进程。反过来，你也会对他们做出假设，认为他们知道你想要什么，而不需要告诉他们所有细节。

有效的假设会加速团队内部的决策、实施和互动过程。领导者不需要每次都把所有的细节表述清楚，他只需要考虑哪些假设可以加速工作进程就够了。

错误的假设会打乱团队的计划。如果你假设某人知道你想要的是什么，而实际上他并不知道，那么，他可能会浪费时间做一件你根本不需要他做的事情。因此，不断地增进相互理解是提高效率的关键。

如果你此前从未要求过团队制作椅子，那么在你第一次提出要求时，他们可能会做出错误的假设。当你在脑海中有一个想法或者一个设想时，需要将其付诸行动时，你需要向人们提供更多的信息。你需要通过团队合作讲明自己的假设，确保团队成员清晰明确地了解你的预期。这样，你就不必关注执行的细节，只需要定期从中端领导者那里获取信息就够了。因此，领导者只要明确自己对任务的期望，并保证团队理解自己的期望。这样，团队成员就能做出合理的假设，从而提高工作效率。

关系型假设

在人际关系中，假设是常见的非语言意识之一。你会假设团队中哪些人会同意某个观点，哪些人会反对，哪些人容易相处，哪些人难以相处。你的假设决定了你对待某段人际关系的态度和行为，并且会对对方产生影响。同样，他们也会对你和你的态度做出假设。在人们之间形成的持续的非语言沟通既有可能增进成员间的信任，也可能削弱信任感，这主要取决于人们的假设是积极的还是消极的。

团队内部出现矛盾或分歧的时候，每个人都会做出自己的假设。如果你和某个人存在意见分歧，你通常会假设他将继续坚持自己的观点，或者你可能会假设他很难相处。这些假设会影响你的坦诚程度以及对对方的信任程度。下次你再遇到对方的时候，你会根据你对他的假设决定如何与他相处。人们会通过彼此的情绪和态度感受到这一点，并做出相应的反应。如果你假设双方之间可能会产生争执，从而对对方怀有戒备之心，那么对方也会以同样的态度来对待你。这样，双方都在错误假设的基础上，产生了不信任感，而不信任感又导致双方进一步做出错误假设，最终形成恶性循环。

人们的态度会对人际关系产生影响，而人们所做的假设会不知不觉地对他们的态度产生巨大的影响。人们越是有意做出某个假设，就越有可能放弃这种假设，转而去做一些可能会改善而不是进一步破坏人际关系的事情。

人们有时会做出假设，认为某个人通过挑战自己的心理边界，来惹怒自己。这样的假设往往会破坏信任感，制造人际隔阂。很少有人刻意挑战同事的心理边界，冒犯对方。他们只不过是无意中触碰到了对方的心理边界，自己却没有意识到这一点。如果你没有跟自己的团队或个别成员就心理边界问题进行过明确的对话，那么你很容易做出主观假设，并据此开展工作。可能直到最后你才发现，正是由于自己对他人或局面的误判、误解，才导致了双方信任感的崩塌。

请记住，当有人挑战自己的心理边界时，他们往往都是无意的。不要假设他们想伤害你。否则，你会通过坚守自己的心理边界，来保护自己。反过来，如果你假设每个人都在尽自己最大的努力，那么你就能够容忍这样的错误，然后与对方进行公开的对话。

我们应该假设，每个人起床后都想把工作做到最好。这样的假设往往都是对的，即使表面看来并非如此。每个团队可能都会有一个"难以相处"的人，我们总是假设他在处处刁难自己。也许你就是那个"难以相处"的人，尽管没人告诉你，但你可以感觉到这一点，并对别人的想法做出假设。

每当产生争执时，人们往往做出这样的假设：对方就是在故意激怒我。事实上，这种情况很少发生。大多数人都在努力做好自己的工作。但我们一旦做出这样的假设，就会把它当成事实。

因此，人们的假设既可以巩固也可以破坏人际关系。人们应该谨慎做出假设。过于乐观的假设会设定过高的期望，导致人们无法完成相应的目标；消极的假设会破坏人际关系，加重不信任感。

评价性假设

假设常常表现为对人的评价。人们常常做出这样的假设：内向的人很少发言，或者害羞的人没有礼貌，或者外向的人都很自私。

即使在大多数情况下，这个假设也是不准确的，但这个例子说明人们会轻易做出评价性假设，这会造成人际隔阂。

每个人都会根据各自的经验、价值观、信念体系做出假设并得出结论，因此每个人都会对同一个问题做出不同的假设。只有坚持在团队内部进行公开的对话，才能打破主观假设所造成的误解。人们越公开表明自己的主观假设，就越容易利用中端领导模式协同团队合作。

消极的自我评价或自我怀疑是假设的另一种形式。如果你假设自己没法完成某项任务，你可能就真的完成不了这个任务。消极的自我评价是人们对自己的否定评价，否定自己的能力或者意愿。它会影响人们的决定和工作方式，进而可能导致失败，或者阻碍人们走出舒适区。我们将在下一章"明确意图"中进一步探讨这个问题。

假设往往是一种推测。一些你认为很冷淡的人可能会令你感到沮丧。你应该弄清楚自己为何在这段关系中同样给了对方冷淡的印象。这样，我们根据自己与对方的交互行为，来评价对方。我们会以自己的评价为依据，寻找证据来验证这个评价。

总之，在验证自己的假设时，我们不能够带有任何主观评价。假设是人们在头脑中编造的"故事"。你要做的就是把这个"故事"（假设）变成一个积极乐观的"故事"，然后再和对方验证一下这个

"故事"。

思维清晰是解决问题的关键

清晰的思维不仅要求人们说出自己想说的话，它还要求人们对问题或情况达成共识，进行团队合作，最终确保每个人的意见一致。大多数分歧的产生都是因为团队缺乏清晰的沟通，或者人们为了消除分歧做出了错误的假设。如果你不理解或不同意某个观点，你就应该坦诚地表明自己的想法，提出自己的疑问，最终让人们对这个问题达成一致，从而消除人们的假设。只要人们对某个问题理解得不够透彻，团队就应该明确已知和未知的信息，来推进共识，减少主观假设造成的误解。

为了确保思维清晰，团队成员必须清楚自己想要实现的目标。人们应该明确整体目标，然后将其进一步细分，这样人们就能对构成整体目标的个人目标达成共识。同时，每个人都要清楚自己的任务要求是什么。

这个问题为什么对你、团队、企业、客户乃至全世界都很重要？从团队和企业的立场出发，你想要形成的整体影响是什么？你的做法是实现目标的最好方法吗？在每个步骤中都保持思维清晰，可以防止团队做出错误的假设并以此为基础开展工作。

人们应该清楚团队内部的行为特点、价值观和信念体系，互相检验各自的假设，防止误解产生。人们还应该明确自己对对方的期望是什么。如果团队中的某个人令你感到沮丧，这通常是因为以下3个方面存在不匹配：你希望从对方那里获得什么；对方认为自己应该提供什么；对方希望从你那里得到什么。

确保团队上下思维清晰，可以解决团队中的许多分歧。人们应该明确自己的期望是什么，明确表明自己同意和不同意的部分，然后制订计划来解决这些分歧。如果两个人意见不一致，人们可以寻求更高一级的团队支持，当然，领导者不应偏袒任何一方。在解决分歧的过程中，人们应该互相支持、互相关怀。

假设和事实是两码事。人们应该清晰地区分事实、假设和情绪之间的不同。这三者中每一项都具有各自的作用，清晰的思维可以让人们注意到团队内部存在的问题。在下一章，我们将探讨如何通过明确意图来凝聚团队力量、聚焦团队目标。

第十五章　明确意图

本章将介绍如何通过有意识的行动对团队产生积极影响。

确定意图

整个团队都很焦虑。他们一走进大门，我就感受到了他们的情绪。我走入马场，想给这个团队介绍一下这些马，方便他们未来的合作。但是，蒂芬立刻跑远了，其余的马紧跟其后。我的心跳加快，开始有点焦虑，觉得自己在客户面前像个傻瓜一样。很快，我便放缓呼吸节奏，心率也随之降了下来。马儿停了下来，我又走近它们。我不确定它们愿不愿意配合我。结果，这一次它们又跑远了，算是用行动回应了我的怀疑。

我需要确定一个明确的意图。我知道如果凯莉过来，其他的马就会跟着过来。我打算让凯莉站着不动，好让我给它戴上笼头。当我脑海里产生更积极的意图时，我感觉到我的情绪也在发生变化。我平静地走向凯莉，在离它5米远的地方停了下来。我大声地对它们说："这批客户非常焦虑，他们需要我们。你们要帮我，我一个人做不到。"凯莉走到我面前，主动把头钻进了笼头里。而客户就在门口看着这一切。

有个客户问："发生了什么事？"另一个客户则问道："这就是那匹温顺的马吧？"

凯莉其实一点也不温顺，但它明白了我的意图，心甘情愿地来到了我的身边。当我很冷静、很清醒的时候，它会出于对我的尊重和信任，按照我的要求配合我。它可能听不懂我的话，但它明白我的话背后的力量。

什么是意图

维基百科对"意图"下了这样一个定义，"它是人们迫切希望完成某项或某几项行动的内心状态。它包括诸如计划和预想等心理活动。"当我们下定决心要实现某事时，经常会使用"意图"这个词语。我们会下定决心，希望实现自己的意图。当我们谈论将来的事情时，往往会用"希望"或者"打算"这两个词语。比如，"我打算今年买下一个农场"，"我希望完成销售目标"，或者"我打算花更多的时间照顾自己"。这些都是目标，而不是意图。你可能会实现这些目标，也可能事与愿违。人们达不到自己的目标，通常是因为他们没有强烈的意图。除非你用自己的决心支撑自己的意图，否则它就只是你的"希望""愿望"或"目标"。

如果意图不是目标，那它又是什么呢？意图是专注力和意念的交织状态。它会影响你的处事方式。它并不直接决定人们是否成功，但它表明你的目标，能够指引你如何实现目标。意图更多强调的是对现实行动的指导性。

如果你认为某件事不会成功，那么它往往就不会成功。如果你坚信它会成功，它往往就会成功。因此，你会对它更有信心，从而增加这件事的成功概率。我经常对客户说："无论你做什么，都要全心全意、坚决果断地领导自己的团队。"不确定性是常态，当出现不确定的局面时，领导者要充满信心，坚定自己的信念。这本身就是意图的一种表现形式。

我们根据自己的信念、心理边界、假设、价值观念和经验，以及我们的愿景来确定意图。我们有时会有意识地确定自己的意图，但在多数情况下，我们都是无意识地确定意图的。亨利·福特（Henry Ford）有句名言：无论你认为你能还是不能，你都是对的。一旦你相信自己能做成某件事，你的行为就会发生改变，成功的概率就会更大。我们之所以否定消极的自我评价，是因为它会让人们相信自己无法做成某件事，这种信念也给人们确定了一种消极的意图。人们的后续行动则会受到这种错误假设的影响。

人们或公开或不公开地渴望影响本人或他人的行为，这是意图的基础。人们可以借助明确的意图，刻意影响自己的行为。人们也可以通过明确的要求，以及对某些事的明确的态度，来影响他人的行为。

确定明确的意图

无论人们的目标是什么，他们都是通过自己的方式，借助自己所持有的信念和所采取的行动来实现它。

人们往往会盲目地采取行动。如果你在参加会议之前不考虑你想要产生的影响，你怎么知道自己的言行能不能产生积极的效果呢？同样，如果你着手做一件很困难的事情，却没有顺利解决它的明确意图，那么这件事很可能会变得非常棘手。这是因为你提前设定好了消极的潜意识意图，进而预设了处理这件事的消极态度。

通常情况下，如果你认为一项任务非常困难，那是因为你的态度反映了这种信念。如果你认为某件任务非常简单，并把这个信念带入到自己的意图中，那么，这件任务可能会变得非常容易，这是因为你的态度发生了转变，以一种更为轻松、更为自信的态度看待这个问题。

明确的意图要求人们对自己想做的事情和做事方法，不仅要有决心、目标，还要有清晰的思路和坚强的毅力。这些要素没有哪个居于支配地位，但却存在侧重点。人们需要利用轻松、平静的情绪以及自信心、适应力和灵活性来平衡意图中的目标因素和毅力因素。意图需要设定在人们的"心流"状态。米哈里·契克森米哈赖（Mihaly Csikszentmihalyi）将"心流"定义为"人们在专注进行某行为时所表现的那种忘我的心理状态"。

假设有一条连续的线段，其中一端为"迟钝感"，另一端为"掌控感"，在线段中间的某个地方就是"心流"状态。人们在这个位置设定自己的意图并实现自己的目标。时刻关注自己的身体直觉，能帮助你改变你的状态，让意图更加明确，并产生你所希望的效果。

通过充分认识自己的精神和情绪，你可以加深对自我、人际关系和系统的认识，帮助你明确当前要采取的行动，以便积极影响每一个团队成员。

共同的意图

团队经常遇到的难题是，人们对做事方法有着不同的看法。如果你想凝聚所有人的力量，就必须为集体设定共同的意图。它可能是一种不言自明的意图，即团队内部已经对它产生了共识。又或者团队需要讨论才能一致确定这个共同的意图。

举个例子，假如你要求 3 个人帮你把一张桌子移动一下位置，很可能这 3 个人内心都清楚他们共同的意图。你可以告诉每个人你对他的任务指示（前端领导模式）。由于这项任务很简单，即使你不说出自己的具体指示，大家也都清楚你的意图，团队也会轻松完成移动桌子这个任务。

然而，团队的任务绝不像移动物体那么简单。现实世界的工作要复杂得多，对协调性的要求也更高。

为了让一个团队有一个共同的意图，领导者必须确保以下条件：

（1）每个人都要清楚团队对自己的期望是什么。

（2）每个人都要发挥好自己的作用。

（3）每个人都必须相信任务是可以完成的，并相信其他人也会发挥好各自的作用。

（4）每个人都必须相信所有人都明白自己的作用，同时也都会尽力发挥好自己的作用。

只要一个人缺乏专注力，或无法与团队形成合力，共同的意图就会在顷刻间土崩瓦解。

在中端协同部分，我举过一个例子，某个团队想带领凯莉和他们一起穿过大门，但遇到了困难。我建议你再读一遍这个例子。这个例子表明，缺乏共同意图会导致团队失去对前进方向的关注，同时还表明这个团队的个人意图有很多，但没有一个共同的意图。一旦他们有了共同的意图和关注的重点，凯莉马上就融入了团队，心甘情愿地跟着他们走了过去。

当一个人因为某种原因无法完成他应该完成的任务时，其他人不一定能够填补好这个漏洞。因此，团队的成功取决于团队共同的意图。只有每个人同时发挥好各自的作用，团队的共同意图才能变成现实。

显然，有时候团队合作会非常困难。在上述例子中，团队不经意间对凯莉做出了评价，认定它就是团队的"问题员工"。于是，他们把所有的注意力都放在了如何让它迈开脚上。如果这个团队步调一致，清楚自己的前进方向，并信任凯莉，相信凯莉能发挥好自己的作用，那么，凯莉是非常乐意融入这个团队的。一旦团队做到了这几点，凯莉马上自愿地跟他们向大门走了过去，用自己的行动表明了自己的意图。

那个团队一开始就轻易得出结论，认为凯莉不愿配合，但事实并非如此，它内心非常愿意配合，只不过给人一种态度不明确的感觉，让其他人觉得它与团队脱节了。我们可以发现，当一个人与团队行为不一致时，人们很容易做出错误的假设。相反，人们应该努力弄清楚他到底需要什么，然后满足他的需求。大多数人都愿意参与合作，如果确实有人不想合作，你可以以此为机会，看看自己能够采取哪些不同的工作方法，做出哪些调整。如果你把关注点放在自己能做的事情上，而不是指望他人做出改变，那么，你就能更容易理解他人的非语言反馈。

意图冲突

如果个人意图与团队的共同意图不一致，那么即使每个人再努力也无济于事。人们会与团队脱节，无法形成合力。因此，人们必须妥善处理分歧，激发团队创造力，推动实际问题的解决，并朝着共同的目标开展合作。一旦与团队脱节，人们就会产生紧张情绪。这种情况下，团队应该利用相应的组织模式重新调整，明确目标和方向，共同朝着同一个目标和方向努力。而针对这个问题以及解决方法，团队必须要有明确的意图。

当走出自己的舒适区后，人们往往只会关注自己的分内职责。因此，你必须鼓起勇气，明确团队共同的意图，并努力实现共同意图。有些人觉得这很容易，有些人则觉得非常困难。因此，人们应该充分重视团队内部的人际关系和压力水平。在领导者眼里，合适的意图对团队来说可能是无法实现的。所以，领导者必须立足于团队现状，考虑现有资源、技能组合和时间条件下团队的实际能力，并以此为依据调整自己的期望值。

很多团队都会设定过高的期望值，但这样做只会导致团队的失败。由此可见，设定不现实的意图，实际上相当于故意制造失败。因此，领导者必须认真考虑团队的实际能力，为团队设定合理的意图，敢于对不现实的意图提出异议。

个人的自我怀疑会危害整个团队。有的人会认为自己跟不上进度，或者无法完成自己的工作。这样的怀疑可能会破坏团队的共同意图。为了不成为团队中最薄弱的环节，人们往往会拼尽全力。事实上，人们应该充分认识自己的实际能力，并尝试寻求帮助。为了团队的成功而承认自己的不足，也是勇气的一种体现。如果人们认为某个任务无法实现，就应该勇敢地说出来，尤其是在团队必须实现某个特定目标的时候。

当人们特别沮丧或者愤怒的时候，就会产生指责他人的潜意识意图，这既会伤害别人也会伤害自己。当然，这样做很可能并非出于他们本意。意图并不要求人们执着于自己的想法，相反，它要求思维有一定的变通性。当人们产生某种执念时，人们应该注意到自己的紧张情绪，应该在意图的指引下朝预期的结果迈进，而不是执迷于结果并试图控制结果。

无论是设定个人意图还是团队的共同意图，领导者都要确保这些意图是为大局服务的。领导者必须清楚，自己的意图能否满足自己的需求，能否满足人际关系和团队的需求，更重要的是能否满足市场的需求。举个例子，你可能会为团队设定好意图，推出某个产品，但市场根本不需要这样的产品。这可能会导致实际销售与预期不符，或者导致客户购买了他们不需要的产品。操纵结果并不等于意图。人们的意图应该服务于比个人和团队更宏大的格局。

人们往往会假设团队中的某个人应该为团队的意图负责。团队应该通过公开的讨论消除这种误解。当人们对自己、他人、某个局面或者问题产生消极想法时，人们可以以此为机会明确自己的心理边界，验证自己做出的假设，采用有效的方法明确个人和团队的意图。人们潜意识下进行的各种思维活动有可能会影响整个团队。但人们也可以妥善处理这些思维活动，借此机会暴露团队内部的隐性互动因素，提高团队绩效。

06

打造团队战斗力

融会贯通4个步骤，打造团队战斗力。

第十六章　暴露影响团队绩效的隐性互动因素

本章我们将探讨如何克服挑战，引领变革。

每个人的不同故事

"我不喜欢马（或者任何其他动物）。"

"我小时候在威尔士骑过一匹小马，那匹马栽了跟头，把我摔了下来。马真是危险的动物。从那以后，我再也不喜欢马了。"

"我小时候骑过小马，我的马驮着我走到草地边，停在那里吃草。我怎么也指挥不动它。伙伴们丢下我走了，我不知道该怎么办。"

"我小时候，妈妈被一匹马咬过。她当时正抱着还是婴儿的我，她被吓坏了。所以，我从来都不喜欢马。"

我不知道听过多少人讲述过类似的经历。他们通过自身的经历有力地证明了这样一个道理：如果你对处理某件事情缺乏理解，同时又缺乏相应的技能，那么你注定做不好这件事。从这些人的经历来看，他们对马大都缺乏心理安全感。最终，他们觉得自己讨厌马，于是再也不愿靠近它们。有些人可能会对马产生畏惧心理，有些人则不愿提及这些经历（甚至不愿承认对马的畏惧感）。绝大多数人都认为是马的问题而不是自己的问题。当然，也有些人对我说："这可能是我自己的问题。"但事实上，这既不是人的问题，也不是马的问题。问题的根源在于人和马的关系以及每个人的具体经历。

如果你希望团队学习，你就必须给他们安全感。如果人们认为探索新方法、新事物不会给他们带来安全感，那么，他们在团队合作和学习过程中就会遇到阻力。人们需要足够的勇气，才敢尝试自己不喜欢或者不会做的事情，而要想引领颠覆性变革，需要的正是这样的勇气。

变革的阻力

人们最常问我的一个问题是："怎样才能让别人按照我的要求做事？"问这个问题的人把"别人"当成了自己成功的障碍和工作压力的根源。人们内心存在着一种潜意识的愿望，它驱动着人们把注意力集中在改变他人这个问题上。这样，自己本身就不需要做出任何改变了。

而更高明的问法是："我该怎么做才能确保我的需求得到满足，团队目标也能得以实现？"这个问题把责任从外部转移到了内部。但是，如果某个人没有按照你的要求做事，那么他一定有自己的理由，或许是因为他缺乏清晰的思路，能力不足或者主动性不高。不管原因是什么，你都需要弄明白自己和其他成员的需求，并与他们共同探索如何实现团队目标。

"我们都畏惧改变，也都在寻求改变。正如一位企业顾问所说，'人们不会抗拒改变，他们抗拒的是被改变'。"变化令人感到不适。人们需要虚心地承认，除了你所熟悉的方法，还有其他不同的方法。随着团队经验的积累，人们往往会进行更加封闭的学习。他们抛弃了那些没有发挥过作用的经验，即使人们在不同的环境里，面对不同的人际关系，也不愿意尝试这些经验。

人们可能愿意进行知识层面的学习，但没有人愿意承认自己情绪影响了他人，或者自己的行为模式产生了负面影响。我们每个人既有可能发挥好自己的才智，也都有可能成为绊脚石，影响团队的表现。人们抗拒改变主要出于畏惧心理，害怕未知事物带来的不确定性。在我的《领导力驾驭未知》一书中，我做了如下解释：

抗拒改变的心态往往源于人们对已知事物和可控事物的沉迷。人们需要更多的求知欲和反思空间来对抗这种抗拒心理。当你给自己更多的时间去观察和理解时，人际关系就会变得更加牢固，分歧也会降到最小。

人们往往会把问题归咎到抗拒改变的心态上。事实上，领导者可以把这种心态当作一种信息反馈，给予人们更充分的时间和空间来解决这个问题，让他们放心地走出自己的舒适区，进入不确定性区域。

每个人的步调都是不同的，团队发展需要领导者的细心和技巧。

时间问题

在这个过程中，人们常常会遇到一个问题 —— 时间问题。现如今，团队面临的最大挑战是人们时刻处于忙碌状态，没有时间思考，没有时间学习，没有时间消除分歧。至少这是人们普遍的看法。而我认为，你无法避免这些事情。步调一致的团队比步调不一致的团队更高效，因为后者把太多时间用在了争论上，意见不一致让团队成员对彼此感到懊恼。

英国网球运动员安迪·穆雷（Andy Murray）说过，因为忙于比赛，他没有时间练习发球。如果缺少相应的练习，他永远不可能发球得分。商业团队也是如此。每个团队成员都应该认真反思自己的非语言行为习惯，花时间养成新的行为习惯，帮助团队提高绩效。这是每个团队成员的重要任务，但它很少得到人们的重视。虽然一开始人们可能会花费一些时间解决意见分歧，协调团队合作，但这很快就能给团队带来实效。

当你还在苦苦挣扎，被意见分歧困扰的时候，别的公司已经取得了成就。原因在于，他们把很多时间花在了团队建设上，从而提高了团队效率。因此，团队应该留出充裕的时间来加强和巩固团队关系。

人们想要的是快速解决问题的方案

协调团队合作没有捷径。建立关系需要人们付出努力，解决意见分歧需要勇气和人文关怀。人们必须不断地思考自己的工作内容和工作方法，并探索加强团队内部关联的不同方式。要想在团队合作中进入自己的"心流"状态，就必须全身心地投入到团队目标和人际关系上，在付出额外努力的同时蓄积能量。领导者必须知道何时该施加一定的压力，何时该做出让步。

人们渴望短期解决方案，渴望在短期内看到成效，这种渴望是我们这个时代的产物。但团队合作需要耐心。而当团队面临压力时，往往最缺乏的也是耐心。当在短期内看不到成效时，人们对压力的反应会使人们产生挫败感。解决人际关系问题，没有捷径可走。

以家庭生活为例。在家庭生活中，人们会反复重复一些没什么实际效果的行为模式，夫妻之间也有一些得不到解决的分歧，双方也会做出并不准确的假设。夫妻之间也会互相指责。解决上述所有问题和解决团队问题一样，是不存在捷径的。因此，团队应该花时间加强团队建设，改善团队关系，促进团队和谐，这样你就能够与团队步调一致，进入"心流"状态。

融会贯通 OPUS 方法

OPUS 方法的目的是帮助团队暴露影响团队绩效的隐性因素。这 4 个步骤中所涉及的 12 项隐性因素可能会破坏团队合作，因此，人们必须将这些因素暴露出来，有意识地处理这些因素。

让我们来看看如何综合运用这些步骤。

步骤 1：明确组织模式。

为了有效地开展工作，团队必须实现全方位的协同。这就要求领导者在前端明确目标和方向，在中端进行有效的沟通和有效的执行，在后端确保团队不偏离既定方向，让每个人各司其职。领导者应不断提高团队对这3种角色的认识。

当人们顺利地进行团队合作时，这3种角色都会发挥作用。而当团队遇到困难时，人们应当注意及时进行调整，对相应的角色投入更多的关注。

步骤2：激发团队活力。

团队应该重视团队活力的提升，努力将压力降到最小，以提高团队的工作效率。当团队遇到困难时，人们应该寻找不同的工作方式。运用个人和集体的精神和情绪力量，来支持团队发展，将非语言的隐性因素暴露出来，提高沟通的质量，凝聚每一个人的力量，消除意见分歧。

充分利用精神和情感因素，努力将非语言因素明面化，可以帮助团队探索运用组织模式中的3种团队角色。当团队出现协同问题时，人们应该找出阻碍团队的精神和情绪因素，并通过认真沟通解决分歧。

步骤3：增进互相理解。

"增进互相理解"这一步骤为应对不确定性局面提供了更多的信息。人们可以利用自我认识判断自己是否与团队步调一致。一旦人们得出否定结论，就应及时调整自己的工作方式。自我认识能力要求人们关注自己的幸福感和情绪力量，并利用这些因素积极地影响团队。此外，人们还应该清楚自己扮演的是组织模式中的哪个角色，并且能够根据形势变化及时调整角色。

人们要始终重视人际关系，并根据人际关系中存在的问题和需要调整的方面做出决策。同时还应重视情绪和精神因素以及组织模式中的3种角色，及时调整自己的工作方式，积极地影响其他成员。

人们还应该关注大环境、大系统，从而研判新形势，并运用情绪和精神因素以及组织模式中的3种角色，提前做好准备。

适时切换这3个认识层面可以帮助人们提取额外的隐含信息。这些信息会在潜意识下影响团队运转。团队应该认真开展高质量的对话，暴露这些隐藏的信息，提前解决问题，防止问题恶化。

步骤4：重视潜意识思维活动。

妥善处理3种潜意识思维活动，能够帮助团队协调好组织模式中的3种角色。不明确的心理边界和频繁突破心理边界，都会破坏团队的凝聚力。明确的心理边界可以使人们重视团队意图，而明确的意图则可以促进团队协作。

充分认识3种潜意识思维活动，可以提高人们的幸福感，通过对话暴露团队内部的隐性互动因素。

明确的心理边界、假设和意图能够指导人们的行动和对话，增进理解，确保团队在执行阶段完美对接。

意图的主要作用是提高团队专注力、坚定决心、明确目标并促进团队和谐。它要求团队既要充满斗志，又要气氛轻松；既要目标明确，又要懂得变通；既要坚决果断，又要思维开阔。

团队沟通、探索和合作需要充足的空间，这正是团队合作中遇到的艰巨挑战。在合作过程中，人们会随时遇到各种各样的问题，团队需要团结所有人的力量，提出相应的措施。

持续学习

影响团队绩效的隐性互动因素是每个团队的基础问题。在阅读这本书的过程中，你会发现它们并不是藏在暗处的。它们通过潜意识塑造了每一段人际关系和每一种行为方式。通过公开讨论这些隐性互动因素，人们可以强化原本有效的工作方式，不仅如此，人们还可以找出影响团队走向成功的因素。成功的关键在于通过不断学习，明确自己在任何时刻的角色定位。

改变从来都不是一件容易事，尤其是改变个人或者团队多年养成的行为习惯。但如果你能耐心地读到本书的这一部分，说明你内心有着强烈的渴望，你渴望解决分歧、创造和谐，你渴望沉浸在团队合作中，渴望从事对企业和世界有意义的工作。对你和团队来说，这些愿望都是可以实现的。

而要做到这一切，仅凭一个人的努力是远远不够的。改变个人的工作方式，对团队确实也能产生影响，但你最终需要团队的共同努力。加强沟通，巩固团队关系，才会减少团队中的压力和紧张情绪，提高团队效率。这样，你晚上会睡得更加安稳，不用担心谁在负责什么工作，也不用费尽心思让人们按照你的要求做事。

打造理想的团队，从团队的每个人开始做起。

小结

我希望你在工作中已经体验过团队合作的魅力。这种独特的魅力能给人带来无比的愉悦感：每个人沉浸在团队合作中，与他人协调一致；充分利用彼此的优势，共同合作，虚心地解决意见分歧；人们既能放心大胆地进行对话，同时又能在对话过程中展现人文关怀；人人都清楚团队的方向，同时也知道自己对最终目标的实现所肩负的职责。

这就是团队合作的魅力。这样的合作不仅轻松、自然，而且令人愉悦。但遗憾的是，要做到这些并不容易。在合作过程中，人们总会遇到分歧，遇到挑战，遇到工作压力，人们的关系也可能会破裂。这就要求团队解决分歧，克服挑战，重建关系，增进信任，顶住工作压力，开展有效的对话。只有投入时间、精力、情绪能量，才能更轻松地解决意见分歧。

　　显而易见，作为领导者，你在从事着不平凡的工作。你需要暴露团队合作中的隐性互动因素，因为其中蕴含着影响提高团队绩效的能量。在这里，我希望你能与团队一起，营造诚实与透明的内部环境。只要团结起来，人们可以实现任何目标。世界需要你！

马队成员介绍

每个企业都需要一个杰出的团队，而我很幸运，我的团队成员是我精心挑选的。团队里所有的马都是被人救治过的马。它们原本都是骑乘马，退役的原因各不相同。现在，它们都不能供人骑乘了，所以来到我这里从事一项全新的工作。接下来介绍一下这些天生的领导者。

凯莉

凯莉出生于2000年4月，是一匹身高为164.6厘米的黑色特拉肯纳种马。特拉肯纳马源自德国，是阿拉伯马和纯种马的混合品种。它们非常敏感，在骑手眼里，它们非常难对付。事实上，我发现它们非常率直，也非常适合我的工作。它们渴望合作，不喜欢被人命令。这让它们成为这项工作的理想选择。它们需要你在明确的方向与牢固的关系之间实现平衡，而且它们渴望平等的合作关系。如果你愿意倾听它们，关注它们的需求，它们会非常乐意与你合作。如果你想要支配它们或控制它们，结局则会非常糟糕。

凯莉是我的第一匹马，它于2012年1月开始参加这项工作。它的直觉非常敏锐，它知道怎么才能让人学到更多的东西。它的经验丰富，能给客户提供最好的学习机会。它懂得什么时候应该强势，什么时候应该妥协，什么时候应该展现温柔的一面。它能从一种领导风格迅速切换到完全不同的另外一种。

它有一种令人感到不安的自信。很多人一开始就避开它，认为它很难相处。事实上，她非常温顺，非常友善。只要你目标清晰，方向明确，重视你和它的关系，它就愿意跟你去任何地方。你肯定能够从它身上学习到很多东西。

凯莉是马队的队长，因此只要它迈开步子，其他成员就都会紧跟它的步伐。

奥伯斯

奥伯斯是2012年7月加入我的团队的。它当时24岁，退役前是一匹赛马。身高163.6厘米的它，是一匹黑色的纯种马。它是一匹名叫"北方舞者"的马的后代，这匹马是有史以来最赚钱的赛马。1988年，奥伯斯出生在澳大利亚，先后在新西兰、巴林王国和英国生活过。因此，它去过很多地方，是马队里赛马经验最丰富的一匹。它和它的主人劳拉几乎参加过所有赛马赛事。

对首席执行官、董事总经理、高管团队和高层领导来说，与奥伯斯相处非常具有挑战性。这是因为它不喜欢控制欲强的领导者。而在刚毕业的大学生面前，它温顺而又随和，因此，他们离开时会充满自信。除非你具有跟它程度相同的阳刚气质，否则它会争取到更多的主动权。凯莉需要合作者具有更柔和的态度，而奥伯斯则需要对方更加坚决、更加阳刚，这样，它才会更加专注。但是，当你变得太过强势后，又很容易跟它产生争夺主动权的斗争。奥伯斯要求人们把握好自信的度，果断但不武断，这样它才会跟着你走。整个马场都是奥伯斯的势力范围，它会欢迎客户的到来，但有时又不允许客户通过围墙门。它经常站在我的办公室外，观看我参加的每一次销售会议，然后跟我要它最喜欢的饼干吃。

奥伯斯喜欢自己决定合作伙伴。它会踢开门，径直走进来选择自己的合作者。它会走到那个人面前，用脑袋蹭他，好像在告诉对方"就是你了"。被它选中是客户的荣幸。它没有任何杂念，我知道它一直在支持我。

奥伯斯于2019年8月去世。它至今仍在通过它的故事，继续帮助我的客户。

蒂芬

蒂芬是我的第三匹马，它于2014年6月加入马队，当时它年满13岁。蒂芬是一匹165.6厘米高的深栗色爱尔兰纯种马，于2001年4月出生于爱尔兰。它曾在爱尔兰参加赛马比赛，后来来到英格兰地区，被当作猎马使用。加入我的马队前4年里，它每年都要被转卖一次。上一次待过的地方是一家马术学校，那里的人对它非常友善，这可能是它此前从未有过的一段美好经历。

由于它被转卖过很多次，而且它屡屡遭受虐待，所以最后我成了它生命中的最后机会，而我也非常认真地肩负起了这个职责。蒂芬刚到的时候，显得非常苍老。它的脸是畸形的，我猜大概是比赛或打猎时摔倒造成的。来到新家后，它逐渐融入了这个环境，脸的轮廓也变得更加柔和，比以前显得更加年轻。这才让我意识到，原来它畸形的脸是内心的紧张和焦虑造成的。

蒂芬能与那些存在身体或情绪障碍的人建立起很深厚的关系。它能跟存在情绪问题的人产生共鸣，或者会用自己的鼻子触碰别人受过伤的身体部位。蒂芬极富共情力，它最近在跟一名客户一起跛着脚走路，因为客户的腿动了手术。

在它放松的时候，它也变得更喜欢玩耍了，经常撺掇年轻的公马打闹，鼓动它们用后腿直立起来，和它一起玩闹。蒂芬非常敏感，因此它很难信任人类，但如果你完全信任它，它也会以相同的方式对你。

"布鲁先生"

"布鲁先生"于2015年10月来到这里，当时只有5岁。它是一匹164.6厘米高的灰色特拉肯纳公马。它在5岁时患上了关节炎，它刚到这里的时候，跛得非常厉害。它非常年轻，走路磕磕绊绊，经常被绊倒，逗得我们开怀大笑。"布鲁先生"喜欢人类，喜欢跟人打交道。它是队里的小丑，喜欢胡闹。它经常不着边际，由于它缺乏集体意识，它是花最长时间融入团队的一个。它还经常冒犯别人，喜欢用牙齿触碰客户的脚。要是客户纵容它，它会更加过分。据我所知，它甚至偷过客户的帽子和手套。

"布鲁先生"在研修班上给我们带来了许多乐趣。它喜欢玩具，很容易分心，所以它经常会让团队走神。只有非常专注、思维非常清晰、有凝聚力的团队才不会受到它的干扰。

"布鲁先生"让我们学会了不要把生活看得那么严肃，要让领导工作变得更加有趣。它还教会了我们既要风趣幽默，也要赢取别人的尊重，保持专注力。容易分心或者玩心较重的客户不适合跟它一起，因为它会利用他们的这些特点。客户从"布鲁先生"那里学会了如何平衡好自己的各种情绪。

吉奥

2017年6月，7岁的吉奥加入了这支由天生的领导者组成的队伍。它是"布鲁先生"同父异母的兄弟，但它们看起来完全不一样。身高174.8厘米的它，是一匹黑色特拉肯纳骟马。由于它走路一直瘸瘸拐拐，所以它从没有让人骑过。它非常惹人喜爱，这也是它的第一份工作。

虽然吉奥是马队里体型最大的，但它也是最温顺的一个，它对马队有着深厚的感情。吉奥喜欢用鼻子蹭客户的耳朵，对着客户的鼻子呼吸。当你走进马场时，它是第一匹抬起头来的马，而且常常是第一个过来欢迎你的马。吉奥对所有的客户都感兴趣，并且热爱这份工作。它与客户建立起了一种心与心的联系，并在这种联系的基础上互相理解。它往往也是客户下班后最想带回家的那一个。

它有一颗善良、宽容的心。在它面前，或者当你和它站在一起时，你可以感觉到自己的心胸也变得非常开阔。但不幸的是，2019

年11月，吉奥突然去世，当时它只有9岁。它是一个温柔的大家伙，大家很喜欢它，也都非常想念它。

"海军上将"

"海军上将"出生于2012年，是我们团队中的最新成员，也是最年轻的成员。它在吉奥去世一周后的2019年11月加入马队。"海军上将"是"布鲁先生"（和吉奥）的同父异母兄弟，它们的父亲是一匹特拉肯纳公马。"海军上将"的母亲是一匹霍士丹马。这种马是一种大型的挽用马。"海军上将"是马队中个子最高的，足足有175.8厘米。2岁的时候，它在马场上受了伤，所以它后来从来没有被人骑过。因此，在我所有的马中，它的生活经验是最少的。它表面上是个庞然大物，但在它的灵魂深处，住着一个温顺而又笨拙的小马驹。

我第一次把它的脚抬起来时，它把我甩了出去，力道之大，差点儿把我甩出篱笆。它惊讶地发现，原来自己的身体是那么强壮，而相比之下我是那么弱小。它现在正在学习如何温柔地对待别人，它对自己的工作非常好奇，也喜欢与客户合作。在马场里放松的时候，它和客户相处得非常融洽，而且经常是第一个过来认识新朋友的马。在对控制力要求很高的训练中，它对自己很没有信心。而且当人们给它套上笼头后，它会非常紧张。原因可能是客户在带领它的过程中怀着不安的情绪，而它感受到了客户的这种不安全感。

就像人类团队中一个没有经验的新成员一样，"海军上将"还需要进一步培养自己的判断力、自信心和理解力。它还在摸索中成长，信心也在不断增强。

致谢

在过去的几年里，我受到过成千上万人的帮助。我很感激他们在这个领域教会我的一切。这些收获令我受益匪浅，我很难用语言表达我的感激之情。

在此，谨向以下人士致以诚挚的谢意：

分散在全世界的、跟我合作过的成千上万名 IBM 公司同事：你们与我一起合作了 17 年之久，是我遇到的最聪明、最真诚的人。

本书的试读者，安妮·阿彻（Anne Archer）、英格·鲍科克（Inger Bowcock）和马克·平奇斯（Mark Pinches）：你们无私、勇敢地提出自己的意见，这些反馈帮助我完成了对本书的重要修改。谢谢你们！感谢你们的帮助。

我的研究生学生，措埃·巴伦（Zoe Barron）、弗朗西斯卡·乔丹（Francesca Jordan）：你们翔实的研究启发了我，证明了我的想法，也节省了我大量的时间。

我的互助小组成员，丽贝卡·曼德（Rebecca Mander）、约翰·克利里（John Cleary）和史蒂夫·胡珀（Steve Hooper）：你们令我保持专注和理智，帮助我实现了自己的目标，我们一路经历了欢笑和泪水，度过了起起落落的 2020 年。

劳拉·萨维奇：感谢你对我和奥伯斯的信任。我们都从奥伯斯那里学到了很多，我想它会为此感到自豪的。

我的发行人艾利森·琼斯（Alison Jones）：你杰出的才能令我们的团队合作变得轻松愉快。正是在你的信任下，我才能够坚持下来。

我的良师益友艾伦：你的支持对我非常重要，我非常珍视我们之间的友谊。感谢你对我的鼓励和启发。你对我长久以来的支持，让我取得了更多的成绩。

我的马队成员：凯莉，感谢你在我走神的时候，用头顶我，提醒我；奥伯斯，感谢你的倾听；蒂芬，感谢你提醒我注意到自己的错误，有了你，我才能不断提高自己的领导力；"布鲁先生"，感谢你给我带来了笑声；吉奥，感谢你让我胸襟更加开阔，让我能从悲伤中汲取力量；还有"海军上将"，感谢你提醒我把所有经历都记录到这本书里。

最后还有保罗（Paul）：你从没想过要养宠物，但还是同意我养了 5 只猫、6 匹马和 2 只狗，后来这 2 只狗又生下了 60 只小狗。在我们 30 年的婚姻生活中，这些动物的数量不断增加。除了为这些动物和我们的婚姻感谢你，我要感谢你的地方还有很多。感谢你给了我充分的自由，让我能够在工作和生活中充分表达真实的自我。我保证我会一直在挫折中不断学习。

后记　生死与共的团队

　　这一天还是到来了，虽然我在精神上和情感上都为这一天做好了准备，但当它来临时，我的身体却毫无准备。我穿着裙子和高跟鞋来到马厩。这身装扮是为了约见城里的客户而准备的，显然不适合倾盆大雨下的泥泞马场。奥伯斯看到了我，它振作起来，朝我跑了过来。以它当时的状态，能走过来就已经很不错了。我搂着它的脖子，告诉它这里很安全，它可以信任我。我一直担心的那一天终于来了。我已经准备好了接下来要做的事情，我已经为自己做好了准备。

　　奥伯斯没有任何抗拒，把它的身体靠在了我的肩膀上，完全不像从前的它。在围栏的另一边，离我们只有3米远的地方，其余的马站在那里，静静地望着我们。我的马场管理员往后退了几步，给我们留出空间。他的到场和支持令我感到欣慰。我和马队一起待在这里，我注视着它们的一举一动，而它们也在注视着我。那一刻，我们呼吸节奏完全一致，心灵相通。我们都知道，接下来的事情将会影响我们一生，因为其中一员将离我们而去。

　　奥伯斯同样明白，它靠在我身上，靠得更近了。我告诉它，我很爱它，这里非常安全，我会照顾好马队的其他成员。那一刻，它完全信任我，这种信任不同于以往，这一次，它没有任何保留。它咽下了最后一口气，倒在了地上，我感到无比的平静。我感觉时间好像完全静止了一样，四周一片寂静。我们都站在那里，以相同的节奏呼气，吸气，呼气……我身上穿着裙子，脚上穿着一双从马厩里找到的雨靴。雨下个不停，已经把我全身浇透，而我丝毫没有察觉。马队关注着我的每一个动作、每一次呼吸，我也注视着它们。我们都相信各自的直觉，也都信任彼此，任何时候都是这样。我们一起发挥创造力，一起在最重要的时刻，应对未知的未来。

我打开了围栏，想让它们进来见奥伯斯最后一眼。雨一直在下，我跪在奥伯斯的头旁边，望向凯莉——马队的队长，或许是想安慰一下凯莉，我对它说："奥伯斯走了，亲爱的，它走了。"

凯莉惊恐地看着这一切，恐惧令它把头抬得高高的，好像想要弄清楚刚发生的事情。7年来，它一直依靠奥伯斯获取力量和信心，我何尝不是这样。它飞快地跑了过来，打了个响鼻，然后绕着马场飞跑起来，鬃毛和尾巴在身后飞舞。它带着其余的马绕着马场跑了3圈，大概是想通过这个举动向奥伯斯致敬。那一刻，我惊叹于它们的庄严与肃穆。随后，它们在远处停了下来，大口呼吸，站在那里，打着响鼻。我仍然跪在奥伯斯的头旁边，抚摸着它的面庞，告诉马队，没事了，奥伯斯很平静，不用害怕。它们一个接一个地走上前来，触摸奥伯斯，站在它的周围，向它致敬。

突然间，我在雨中感到一股凉意，然后，我站了起来，向后退了一步。我感到这是马队向奥伯斯表达敬意的时刻，而我显得有些多余了。当我后退的时候，一群大雁不知从哪里飞了出来，静静地经过它的身体上空，飞向远方。在此之前或之后的任何时候，我从没见过这群大雁。后来，我查阅到，大雁经常出现在葬礼上。

在这样一个人和马组成的团队里，我们遵循自己的直觉，互相领导，彼此信任。我和马队从来没有像那天那样，紧紧地拥在一起。那一刻，奥伯斯和它的队友对我无比信任，它们望着我，等待着我的指令，而我却不知道该做些什么。

这就是团队合作的魔力，利用团队隐性互动因素团结在一起，直到最后一口气。